KB028319

절망의 재판소

절망의 재판소

세기 히로시 지음 | 박현석 옮김

사과나무

옮긴이 박현석

대학에서 국문학을 공부하고, 일본에 유학하여
도쿄일본어학교를 졸업했다. 도쿄 요미우리 이공전문학교에서
수학한 후, 일본기업에서 직장생활을 했다.
현재는 출판기획, 전문 번역가로 활동중이다.
주요 번역서로 <일과 인생의 균형감각> <동행이인>
<도쿄지검 특수부의 붕괴> <효율의 법칙>
<남자의 건강법> <식탁 위의 심리학> <청춘의 착란> 등.

절망의 재판소

1판 1쇄 인쇄 2014년 7월 10일
1판 1쇄 발행 2014년 7월 15일

지은이 세기 히로시
옮긴이 박현석
펴낸곳 도서출판 사과나무
펴낸이 권정자
등록 1996년 9월 30일(제11-123)
주소 경기도 고양시 덕양구 충장로123번길 26, 301-1208

전화 (031) 978-3436
팩스 (031) 978-2835
이메일 bookpd@hanmail.net
값 15,000원

ISBN 978-89-6726-010-1 93300

이 도서의 국립중앙도서관 출판예정도서목록(CIP)은 서지정보유통지원시스템 홈페이지
(http://seoji.nl.go.kr)와 국가자료공동목록시스템(http://www.nl.go.kr/kolisnet)
에서 이용하실 수 있습니다.(CIP제어번호: CIP2014018520)

"모든 재판관은 그 양심에 따라 독립하여
그 직권을 행하고
이 헌법 및 법률에만 구속받는다."

—일본국 헌법 제76조

| 일러두기 |

1. 이 책에 등장하는 일본 재판소의 체제, 관직명 등은 일본에서 사용하는 그대로 직역하였다.
2. 일본의 재판소는 우리나라의 법원, 최고재판소는 대법원, 사무총국은 법원행정처에 해당한다.
3. 본문 중 괄호 안의 내용은 저자의 설명이고, 옮긴이 주는 각주로 처리했다.

머리말

"이 문을 들어서는 자, 모든 희망을 버려라."

—단테 <신곡> 지옥편

재판소 · 재판관이라는 말을 들으면 당신은 어떤 이미지가 떠오르는지?

극히 평범한 일반 시민이라면 아마도 약간은 차갑지만 공정하고, 중립을 지키고, 청렴강직하고, 우수한 재판관, 고집스럽고 융통성은 없지만 성실하고 논리적이며 출세 따위에는 연연해하지 않는 사람들을 떠올릴 것이며, 또 그런 재판관에 의해 진행되는 재판에 대해서도 역시 어느 정도 시민정서와 어긋나는 부분이 있다고는 해도 대체로 정직하고 신뢰할 수 있다고 생각하고 있지는 않을지?

하지만 안타깝게도 일본의 재판소와 재판관의 실태는 그렇지가 않다. 오늘날 국민 · 시민의 기대에 어느 정도 부응할 수 있는 재판관은 오히려 소수파, 마이너리티가 되었으며, 그 비율도 조금씩 감소하고 있기 때문이다. 그리고 그와 같은 소수파, 양식 있는 재판관이 재판소 조직의 상층부까지 올라 자주성을 발휘할 가능성 역시 거의 없다고 해도 좋을 것이다.

재판소의 이용자라는 관점에 서서 조금 더 구체적으로 상상해 보기로 하자.

당신이 불합리한 분쟁에 휘말려 어쩔 수 없이 재판소에 호소하여 정의를 실현해주기를 바라기로 했다고 하자. 재판소에 가면 무엇이 시작될까?

틀림없이 어느 정도 심리가 진행된 단계에서 재판관은 당신에게 피고와의 '화해'를 강하게 권할 것이다. 화해에 응하지 않으면 불리한 판결을 받게 될지도 모른다는 둥, 재판에서 이겨도 상대방으로부터 금전을 받기 어려우니 승소 판결을 받아도 의미 없다는 둥의 설명과 설득을 상대방도 없는 밀실에서 장황하게 듣게 될 것이다. 또한 재판관이 상대방에게 어떤 설명을 하고 있는지, 상대방이 재판관에게 어떤 말을 하고 있는지(어쩌면 당신이 없는 곳에서 당신을 헐뜯고 있을지도 모르지만) 그러한 것들을 당신은 알 길이 없다. 당신은 불안해진다. 그리고 '나는 재판소에 시비를 가려달라고 온 건데 왜 이렇게 '화해'하라는 설득을 몇 번이고 몇 번이고 들어야만 하는 걸까? 마치 판결을 요구하는 것이 나쁜 일인 양 말하다니, 전혀 뜻밖이야…'라는 작은 의문이 당신의 마음속에서 솟아오른다.

또한 변호사와 함께 고생한 끝에 판결을 받았다 할지라도 그 내용은 참으로 딱딱하고 두루뭉술하고 관료적인 글로, 당신이 꼭 판결 받고 싶었던 중요한 점에 대해서는 형식적이고 대략적으로만 서술되어 있는 경우도 흔히 있을 것이다.

물론 재판에는 원고와 피고가 있으니 당신이 반드시 이기리라고는 장담할 수 없다. 하지만 설령 당신이 패소한 경우라 할지라도 나름대로 합당한 이치나 이유가 판결문 속에 기술되어 있다면 그나마 납득할 수 있을 것이다. 그런데 그와 같은 소송 당사자(이하 이 책에서는 같은 의미로 '당사자'라는 용어를 쓰겠다)의 기분과 마음까지 이해시키는 판결은 그리 많지 않다. 필요 이상으로 길고 이해하기 어려우며, 소송의 중요한 쟁점에 대해서는 딱딱한 형식논리로만 사무적으로 처리해버린 경우가 매우 많다.

이러한 현상의 당연한 결과로 2000년에 실시한 조사에 의하면 민사재판을 이용한 사람들이 소송제도에 대해 '만족한다'고 대답한 비율은 18.6퍼센트에 지나지 않으며, '이용하기 쉽다'고 대답한 비율도 겨우 22.4퍼센트에 불과하다는 앙케트 결과가 나왔다(사토 이와오 외 편, ≪이용자가 본 민사소송—사법제도개혁심의회 '민사소송 이용자 조사'의 2차 분석≫, 일본평론사, 15쪽). 일본에서는 예전부터 소송을 해본 사람들이 그렇지 않은 사람들보다 사법부에 대한 평가가 매우 낮다는 말을 들을 수 있었는데 이러한 대규모 조사에 의해 그것이 사실로 증명된 셈이다.

또한 당신이 불행하게도 추행범이라는 누명을 썼다고 하자. 일단 체포되기만 하면 당신은 변호사와의 면회시간과 횟수마저

제한을 받으며 언제까지고 신병을 구속당하게 될 것이다. 갑작스럽게 찾아온 두려운 운명에 당신은 당황하고 절망하여 오로지 구치소에서 나가고 싶다는 일념으로, 시간을 가리지 않는 엄격한 취조에서 벗어나고 싶다는 일념으로, 그리고 나중에 재판에서 진실을 얘기하면 재판관이 틀림없이 알아줄 것이라는 생각으로 "네, 했습니다"라고 말해버릴지도 모른다. 하지만 허위 자백을 해버린 경우는 물론, 당신이 끝까지 부인한 채 공판에 임할 정도로 강인한 사람이라 할지라도 당신이 무죄 판결을 받을 가능성은 매우 낮다. 형사계 재판관이 가진 판단의 저울추는 처음부터 검찰관 쪽으로 크게 기울어져 있는 경우가 허다하기 때문이다.

재판의 목적이란 대체 무엇일까?

한마디로 말해서 '큰 정의'와 '작은 정의' 모두를 실현하는 것이라고 나는 생각했다.

그러나 일본의 재판소에서 앞의 경우와 같은 '작은 정의'는 종종 묵살되기 일쑤이며, 행정·입법 등 권력과 대기업 등 사회적 강자로부터 국민과 시민을 지키고 기본적 인권 옹호에 충실하여 사람들의 자유를 실현하려 노력하는 '큰 정의'에 있어서도 충분히 실현되지 못하고 있다.

나는 33년 동안 재판관으로 근무했으며 그와 동시에 20여 년에 걸쳐 민사소송법 등의 연구와 집필, 학회보고를 해왔고, 그 후에 메이지대학 법과대학원의 전임교수가 되었다. 현재 나는 순수한 학자가 되었는데 학자의 역할 중 하나가 설령 그것이

씁쓸한 것이라 할지라도 사실과 진실을 사람들에게 알리는 것이라고 나는 생각한다. 그리고 매우 충격적인 진실 하나는, 대다수의 재판관에게 있어서 당신, 즉 일반 시민인 당사자는 소송 기록이나 소송을 위한 메모의 한쪽 구석에 적힌 하나의 '기호'에 불과하다는 사실이다. 진실을 얘기하자면 당신의 기쁨이나 슬픔은 물론, 당신에게 있어서는 절실한 문제인 당신의 운명도 그들에게는 어떻게 되든 상관없는 일이다.

단적으로 말해서 일본의 재판소, 재판관의 관심은 '사건처리'에만 집중되어 있다. 어쨌든 빨리, 요령껏 '사건'을 '처리'하기만 하면 되는 것이다.

권력이나 정치가나 대기업도 그것을 바라고 있다. 서민의 사소한 사건, 분쟁 따위는 결과와 상관없이 한시라도 빨리 끝내는 것이 가장 좋으며, 억울한 죄가 얼마쯤 생긴다 해도 특별히 문제될 것은 없고, 그보다는 전체로서의 질서유지, 사회 안정이 중요하다고 생각한다. 또한 대부분의 권력자・정치가나 대기업은 사법이 '큰 정의'에 깊은 관심을 보이는 것은 바람직하지 않을 뿐만 아니라 그렇게 되면 자신들의 입장이 난처해진다고 생각하고 있을 것이다. 그리고 일본의 재판소는 그런 의미에서, 즉 '국민을 어리석은 대로 내버려둔 채 지배해 나간다'는 의미에서는 매우 '모범적'인 재판소인 것이다.

바로 그렇기 때문에 나는 일본의 재판소와 재판관, 적어도 그 수뇌부와 재판관의 다수파, 다수 세력에 깊은 실망과 절망감을 품고 있는 것이다.

다시 말해 일본의 재판소는 큰 틀에서 보면 '국민과 시민을 지배하기 위한 도구이며 장치'인 셈이며 그런 도구, 장치라는 면에서 매우 잘 만들어져 있다고 볼 수 있다.

그렇다면 일본의 재판소와 재판관은 어째서 그와 같은 '장치, 도구'로써의 역할에 안주하고 있는 것일까?

재판소 조직과 재판관 개인이라는 두 가지 관점에다 내 자신의 사적인 체험까지 더하여 그것을 설명하고, 독자에게 '씁쓸한 진실'을 알려 그것을 계기로 사법의 바람직한 모습에 대해 함께 생각해 보고자 하는 것이 이 책의 목적이다.

이 책을 집필하는 데 있어서 나는 '법률 실무와 법률 실무가(이하 같은 의미로 '실무', '실무가'라는 단어를 쓰겠다)의 실상을 아는 한 명의 학자'라는 입장을 견지하려고 한다. 다시 말해서 기본적인 분석은 어디까지나 학자의 입장에서 가능한 한 냉정하고 엄밀하고 객관적으로 해나갈 생각이지만, 내 개인적 체험과 거기에 바탕을 둔 지식까지도 곁들여 서술하도록 하겠다. 하지만 개인적인 얘기를 할 경우에라도 객관적인 의미부여를 잊지 않도록 노력할 생각이다.

재판소, 재판관을 비판하는 책은 지금까지도 여럿 출판되었으나 좌파나 우익의 입장에서 쓴 것이거나, 오로지 문헌에만 의존한 학문적 분석이 대부분이고, 재판소나 재판관이 끌어안고 있는 여러 가지 문제를 종합적, 다각적, 심층적으로 논한 것은 거의 없었다. 이 책에서는 그러한 사실을 바탕으로 가능한 한 넓은 시야에서 근본적이고도 구조적인 분석과 고찰을 해나가기 위해 노력했다.

한 가지 덧붙여두자면, 이 책에서 나는 아마도 전례를 찾아보기 어려울 정도로 포괄적이고 자세하게 일본의 재판소 · 재판관에 대한 비판을 행할 생각이나, 기본적으로 재판관 개개인의 마음속에 깃들어 있는 인간성까지 부정할 생각은 없다. 그리고 지금도 재판관이라는 이름에 걸맞은 재판관들이 일본에도 어느 정도 존재한다고 믿고 있다. 또한 고위 재판관이나, 본문에서 자세히 설명할 최고재판소 사무총국 소속 재판관 중에도 인격적으로 높이 평가해야 할 인물이 존재한다고도 생각하고 있다. 하지만 그들이 사회와의 관계, 재판관 집단과의 관계 속에서 수행하고 있는 역할에 대해서 고찰할 때는 문제를 분리해서 비판해야 할 부분은 비판할 수밖에 없다. 그것이 '실무를 아는 학자'인 나의 역할이자, 또한 의무라 생각하고 있기 때문이다.

한편 나는 사상적으로는 넓은 의미에서의 자유주의자이며 개인주의자라고 생각하고 있으나, 그 어떤 정치적 입장에도 관여하고 있지 않다는 사실도 미리 밝혀두겠다.

지금부터 이야기를 시작하도록 하겠다.

CONTENTS

| 제1장 |

내가 재판관을 그만둔 이유

자유주의자, 학자까지 배제하는 조직의 구조

| 내가 재판관이 된 이유 |

나는 1954년에 나고야의 오래 된 시가지에서 태어나 그곳에서 고등학교까지 다니다 도쿄대학 문과 1류(법학부에 진학하기 위한 코스)에 입학했고 4학년 때 사법시험에 합격했다.

사법시험에 도전한 이유는 아무리 생각해봐도 나는 회사에 다닐 만한 성격이 아닌 것 같았기 때문이었다. 그리고 당시에는 500명쯤 되는 합격자 가운데 유급생을 제외한 순수 대학생 합격자는 전국을 통틀어 수십 명 정도에 불과했는데 그 좁은 문에 도전해보고 싶다는 마음도 있었다. 어렸을 때부터 스스로의 능력에만 의지해 살아온, 그리고 자신의 능력 외에는 의지할 만한 것이 아무것도 없다고 부모님께 주입받아온 우등생의 슬픈 천성이다.

하지만 솔직히 고백하자면 진짜로 해보고 싶었던 것은 문학부에서의 인문·사회과학 연구였다. 지금 와서 생각해봐도 원래대로라면 그것이 가장 자연스럽지 않았을까 여겨진다. 문학부가 아니라 할지라도 처음부터 법학부의 학자를 목표로 삼았더라면 좋았으리라. 솔직히 말하면 나는 공직에 어울릴 만한 사람이 아니었다.

하지만 부모님은 당시만 해도 아직 엘리트들의 시험이었던 사법시험에 아들이 합격했다는 사실에 매우 만족했으며, 또 내가 재판관이 되기를 강하게 희망하셨다.

아버지는 부모님을 일찍 여의셨는데 후견인이 거액의 유산을 탕진하는 바람에 고등교육을 단념해야 했고, 능력과 자부심은 강했으나 세상에 대해서는 비뚤어진 마음을 품고 있었다. 행정관료를 미워하고 경멸하면서도 재판관은 훌륭한 사람이라고 생각했으며, 또 내가 재판관을 그만두려 하면 언제나 내 마음을 돌리기 위해 필사적인 노력을 하셨다. 아버지는 "재판관 외에 네가 할 수 있는 일은 없다"는 말씀을 늘 입에 달고 사셨는데, 평범한 샐러리맨으로 살아갈 수 없으리라는 사실은 나도 잘 알고 있었으나 학자로 살아갈 수 없으리라는 생각에는 도저히 수긍을 할 수가 없었다.

요컨대 어떤 이유에서인지는 모르겠으나 학자가 되는 것에는 반감을 품고 계셨던 것이리라. 그리고 내가 학교에 다니던 시절에는 자식에게 학자의 길을 걷게 할 만한 경제적 여유가 없었던 것도 사실이다.

사법시험에 합격한 후에 재판관을 선택한 이유는 법조 삼륜, 즉 재판관, 검찰관, 변호사 가운데서 재판관이 그나마 내게 가장 적합하다고 생각한 것이 가장 컸고, 또 앞서 말한 것처럼 아버지의 권유도 있었기 때문이었다.

그러나 지금 와서 생각해보니 그런 이유 외에도 당시에는 법조 삼륜 가운데서도 특히 한 단계 더 높은 자리라 여겨지던 재판관으로 성공하고 싶다는 숨겨진 상승욕구가 있었다는 사실도 부정할 수는 없을 듯하다. 그것은 부모님에게서 내게로 굴절되어 잠재적 형태로 이어진 것이었다. 이처럼 잠재되어 있는, 그러나 뿌리 깊은 상승욕구는 좌파 사람들까지도 포함한 일본의 우등생에게서 매우 특징적이고 일반적으로 나타는 현상인데 나 역시도 예외는 아니었던 것이다. 어렸을 때부터 수많은 책을 읽고 온갖 예술을 접해왔음에도 불구하고.

| 약해藥害 재판과 유학 |

1979년에 재판관으로 임관하여 판사보(재판관은 처음 10년 동안 판사보, 그 후에는 판사가 된다. 물론 실제로는 6년차부터 이른바 특례판사보로서 판사와 마찬가지로 단독으로 보통 재판을 할 수 있게 되지만)로 도쿄 지방재판소에 부임한 나는 얼마 지나지 않아서 대형 약해藥害 소송사건 중 하나인 클로로퀸 약해 소송사건*에 관여하여 우배석(합의사건에 대한 우배석. 법정의 재판장이 보기에 오른쪽에 앉기 때문이 이렇게 부른다. 왼쪽에 앉는 것이 가장 젊은 좌배석인데 당시는 내가 좌배석이었다)과 분담하여 장대長大한 판결문을 썼다(1982년 2월 1일 도쿄 지방재판소 판결). 이 사건의 증거로 제시된 제약회사의 이익 일변도와 소비자의 건강을 무시한 자세, 약사 행정의 허술함, 약제의 유효성을 뒷받침하는 논문을 쓴 대학병원 의사들과 제약회사 간의 금전에 얽힌 유착은 차마 눈뜨고 볼 수 없을 만큼 놀라운 것이었다. 판결에서는 국가의 책임까지도 인정했다.

그 후 긴 판결문을 고생해서 써가며 영미법과 영어를 공부하여 유학시험에 합격, 미국 시애틀 시에 있는 워싱턴대학에서 1년간 객원연구원으로 근무했다.

내가 연구와 집필을 시작하게 된 가장 큰 계기는 1982년부터 1년 동안에 걸친 미국 대학에서의 유학 경험과, 1986년부터 2년 동안 최고재판소 사무총국 민사국에 근무했던 경험 때문이다.

유학 시절, 미국 사람들은 기본적으로 자유롭게 살아가고 있는데 나를 포함한 일본인은 왜 그렇지 못할까에 대해 종종 생각했다. 그것은 미국이 좋은 나라인가 아닌가 하는 것과는 별개의 문제였

---

*클로로퀸 약해 소송사건 : 1982년, 망막증에 걸린 원고 등 환자 88명의 클로로퀸 약해소송에 대해 도쿄 지방재판소는 28억 엔의 배상을 명령하는 판결을 내렸다. 판결에서는 클로로퀸 제제를 제조 판매한 제약회사 6개사, 필요한 조치 강구를 게을리 한 국가, 클로로퀸 제제를 투여한 의사의 과실 책임은 각각 인정되었으나 고의 책임이나 위자료 등은 인정하지 않았다. _옮긴이 주

다. 미국이라는 나라는 다른 국가들에 대한 무력, 첩보활동, 군사 원조 등에 의한 개입이라는 추한 측면이 있었으며, 국내에도 문제가 많았다. 하지만 적어도 당시 보통 시민들의 생활을 보면 일본에 비해 훨씬 더 자유롭게 살아가고 있었던 것도 사실이다.

그리고 미국의 추한 측면에 대해서도 어느 정도 자각을 하고 있으며 좋지 않은 일이라고 생각하는 사람들도 존재했다. 게다가 미국의 정의파 가운데는 몸을 던져 국민의 자유과 권리를 지키려 하는 용기 있는 '강인한 개인'이 틀림없이 존재했다. 풀뿌리 민주주의의 전통과 사법권의 독립이 미국의 민주주의 제도를 근본에서부터 지탱하고 있는 것 같다는 느낌이 들었다.

내게 있어서 미국에서의 1년은, 전에 없는 자유를 만끽할 수 있었던 귀중한 시간이었다. 또 본래 나의 정신 형성에 대해서는 절반은 유럽, 4분의 1은 미국에서 길러진 것과 다를 바 없기 때문에 위화감이나 외로움은 거의 느끼지 못했다.

| 최고재판소 사무총국에서 느낀 위화감 |

오히려 일본으로 돌아와 다시 적응해 나가는 것이 더 힘들었다. 그래도 처음에는 하마마쓰浜松에서 한적하게 생활했는데 나쁜 일이 아주 없었던 것은 아니지만 즐거운 일이 더 많았기에 그나마 괜찮았다. 그러나 최고재판소 사무총국 민사국에서의 2년은 당시의 상사 중에 성격적으로 큰 문제가 있는 사람도 있었기에, 약간

과장해서 말하면 '지옥에서의 나날'이었다.

최고재판소 사무총국이라는 조직은 재판관·재판소 직원과 관계된 행정, 즉 '사법행정'의 시행을 목적으로 하는 최고재판소 내부의 행정조직으로, 크게 인사국, 경리국, 총무국, 비서과, 홍보과, 정보정책과 등의 순수 행정계 부문(행정기관의 관방[官房, 기밀, 인사, 문서, 통계 등의 사무를 다루는 곳]에 해당)과 민사국, 행정국, 형사국, 가정국 등의 사건계 부문으로 나뉘어 있다. 말하자면 내가 근무했던 민사국은 사건계 부문 중 하나이다. 각 국에는 1명의 국장, 2명 이상의 과장, 그리고 그 밑에서 일하는 몇 명의 국원(대부분은 판사보)이 있는데 인사국, 경리국의 과장 몇 명을 제외하면 나머지는 전부 재판관이다. 이 조직에는 재판관보다 훨씬 더 많은 숫자의 재판소 서기관과 사무관들이 근무하고 있으나 실제로 권한을 가진 것은 재판관들뿐이라 해도 좋을 것이다.

이 책 전체의 내용을 파악하는 데 있어서 사전 지식으로 최고재판소의 기구에 대해 먼저 살펴보기로 하겠다.

1. 재판 부문

15명 전원이 재판관으로 구성되는 대법정과 5명씩의 재판관으로 구성되는 제1소법정에서 제3소법정까지의 3개 소법정이 있다. 물론 최고재판소 장관은 소법정에서의 심리에 가담하지 않는 경우가 많다(장관소속 소법정은 기본적으로 4명이 심리). 한편 대법정의 정족수는 9명, 소법정의 정족수는 3명이다.

2. 사법행정 부문

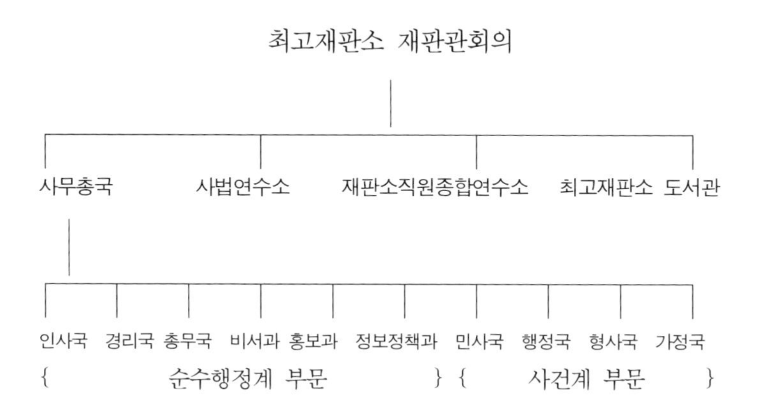

최고재판소의 기구

민사국 소속 생활에 고통을 느낀 것은 나뿐만이 아니었다. 지금은 도쿄 등의 큰 고등재판소 재판장, 지방가정재판소장, 큰 지방재판소의 재판장으로 있는 당시의 국원들은 거의 대부분 숨도 제대로 쉬지 못한 채 사무총국에서 나갈 날만을 손꼽아 기다렸다.

중국의 걸작 영화 중 하나인 <귀신이 왔다!>(장원 감독, 2000년)를 보면 마을 사람들과 환담을 나누던 일본 병사들이 그 장소의 '분위기'에 휩쓸려 자연발생적으로 학살을 시작하는 장면이 있다. 매우 잘 묘사된 그 장면은, 참으로 끔찍하다. 지금의 일본인들 사이에도 그처럼 '분위기'에 휩싸여 거기에 쉽게 지배당하는 성격이 여전히 남아 있기 때문이다. 내가 민사국에 있을 때, 사법행정을 통해 재판관을 철저히 지배, 통제했다고 일컬어지는 야구치 고이치矢口洪一 최고재판소 장관 체제하의 사무총국에는, 만약 거기가 전장이었다면 앞서 말한 영화 속 '학살'과도 같은 일이 일어날 것 같은 일촉즉발의 분위기가 늘 감돌고 있었다.

이 민사국 시절의 기억 중에서 두 가지 일을 적어 보겠다.

하나는 한 국회의원(미리 밝혀두겠는데 좌익 정당의 의원은 아니었다)의 질문에 어떻게 대답해야 할지를 몇몇 국의 재판관(과장과 국원)들이 모여 협의했던 때의 일이다.

어느 국의 과장이 이렇게 말했다.

"이 녀석한테 여자 문제가 있다는 걸 알고 있는데 말이지, (질문에 대한 확실한 대책으로) 그 사실을 주간지나 텔레비전에 흘리면 되지 않을까?"

회의석상에 한동안 정적이 흘렀던 것을 지금도 기억하고 있다.

아무래도 그건 좀 적절하지 않다는 의견이 있어서 그의 아이디어는 채용되지 않았다. 그 자리에 있던 사람들은 재판관의 입에서 그런 말이 나왔다는 사실에 적잖이 충격을 받은 모양이었다. 하지만 그 과장은 무슨 일 있었느냐는 듯한 표정이었다.

그는 후에 출세의 피라미드의 정점에 올라, 최고재판소에까지 들어가게 된다. 한 인간이 이와 같은 히에라르키*, 즉 계층제의 정점까지 오르기 위해서는 그 자신의 노력만으로는 충분하지

---

*히에라르키(Hierarchie):독일어에서 유래된 말로, 상하관계가 엄격한 피라미드 꼴 계층적 조직. 일본에서 계급조직을 말할 때 흔히 쓰이는 외래어이다. _옮긴이 주

않으며 많은 사람들의 추천과 승인이 필요하다. 다시 말해 앞에서 말한 것 같은 인물이 수장으로 있는 조직에는 그에 상응하는 어두운 면이 틀림없이 존재하는 법이다.

다른 하나는 극비리에 행해졌던 한 조사에 관한 이야기다.

내용은 간단한데, 특정 기간에 전국 재판소에서 판결이 내려진 국가배상청구사건에 관여했던 재판관의 이름과 판결 주문 내용 리스트를 만든 일이었다. 사법행정을 통해서 재판관 지배 · 통제를 철저하게 했던 야구치 장관 체제하에서의 일이었음을 생각하면 그 자료가 어떤 형태로든 인사에 반영되었을 가능성도 부정할 수 없으리라 생각된다.

어쨌든 사무총국에서의 2년은 썩 좋지 않은 일들이 많았던 나날이었다. 내 경우, 이때 받았던 사무총국의 관료조직과 사법관료에 대한 위화감은 그 후에도 사라지지 않고 남아 있었다.

그런 민사국 생활 가운데서 한 가지 위로가 됐던 것은, 민사보전법이라는 민사소송법 영역의 기본법 입법을 위한 준비작업을 한 경험이었다. 법무성의 야마자키 우시오山崎潮 참사관과의 공동작업은 그가 단순한 법무관료가 아니라 창조적인 자질을 가진 인물이었기에 나로서는 많은 것을 배울 수 있었다. 법제심의회에서 당시 학계의 중진이었던 미카즈키 아키라三ヶ月章 교수를 비롯한 학자들의 논의와 의견을 들었던 것도 역시 많은 공부가 됐다. 앞서 말한 것처럼 나의 원래 자질은 인문사회과학 연구자에 걸맞을 것이라 생각되는데, 그것이 분명해지게 된 것은 민사국에서의

2년 동안이었다고 생각한다.

| 담합재판, 판결 내용의 사전 유출, 재판소 내의 담합선거 |

그 후, 도쿄 지방재판소의 보전부保全部에 1년간 소속되어 있었다.

여기서도 이상한 일이 한 가지 있었다. 국가가 채권자(신청인)가 되는 임시 지위를 정하는 가처분명령 사건에 대해 국가(법무성)가 사전에, 그리고 비밀스럽게 재판소에 그 가부可否 여부를 타진한다. 그리고 가능하다면 어떤 신청을 하면 되는지를 사실상 문의해서, 아직 가처분 신청조차 하지 않은 시점에서 많은 재판관들이 그 문제에 대해 머리를 맞대고 고민을 했다.

임시 지위를 정하는 가처분명령 절차란, 본격적인 민사소송을 하기 전에 보다 간략화 된 일종의 약식소송 절차로, 원고 측의 이익을 임시로 실현하는 강력한 절차인데, 그대로 본 재판 없이 분쟁이 종결되는 경우가 많다. 당시 국가의 신청 내용은 국가의 어떤 기관이 특정 단체에 대해 그곳에 출입하는 인물을 감시카메라로 체크하다 그 사실이 그 단체에 발각되었는데, 설치된 카메라를 철거할 수 없게 되었으니 어떻게 그것을 철거할 방법이 없겠느냐, 하는 것이었다.

여기서 그 가처분 신청의 정당성에 대한 문제는 언급하지 않겠다. 내가 충격을 받았던 것은 일종의 사전 담합 행위가, 국가가 가처분 신청을 하기도 전에 행해졌다는 사실이다. 이는 틀림없이 결과를 미리 알아보겠다는 행위이자, 재판의 자살행위이다. 어떤 특정한 법규를 위반하는 행위는 아니었지만, 이와 같은 행위는 쉽게 생각할 수 있는 것이 아니기에 법률로 규제되어 있지 않을 뿐이다.

중요한 일이어서니 다른 예를 하나 더 들어보겠다. 훨씬 후의 일인데 도쿄 지방재판소의 여러 부서에서 심의 중인 동종 헌법소송에 대해서, 마찬가지로 사전 담합과 비슷한 행위가 있었다. 재판장의 정례회의에서의 한 여성 재판장의 제안에 의해 재판장들이 비밀리에 지속적인 회합을 가졌고, 암묵적으로 각하 내지 기각을 전제로 심리의 진행 방법 등을 상의한 것이다. 그리고 이러한 제안은 한 재판장의 독단에 의한 것이 아니라 민사, 형사에 각 2명씩 있는 소장대행所長代行 판사가 그 여성 재판장에게 그것을 시사했을 가능성도 있다(덧붙여두겠는데 도쿄 지방재판소 소장이 재판장을 비롯해 재판관들과 접촉하는 경우는 파티 등의 공식적인 자리를 제외하면 거의 없다).

이러한 올바르지 못한 행위는 재판의 기본적 공정성을 해치는 행위이나, 아마도 일본의 사법에 있어서는 여러 가지 형태로 곳곳에 존재하지 않을까 생각된다. 참된 의미에서의 절차 보장이나 공정함에 대한 관념, 민사소송법 · 형사소송법 같은 절차법의 근간을 이루는 그와 같은 관념이 재판관들 사이에조차 충분히 뿌리내리지 못했음을 나타내는 것이다. 겉으로 드러나지만 않는다면 대부분의 일은 용납된다는 생각을 갖고 있는 것이다.

틀림없이 일본의 사법계에는 지금도 제3세계에서나 흔히 볼 수 있는 것과 같은 명백한 부패는 존재하지 않는다. 하지만 그렇다고 해서 정말로 깨끗하고 공정하고 투명하다고 말할 수 있을까? 이 같은 의미에서는 선진 각국의 국제 표준에 도달하지 못한 부분도 상당히 존재한다고 나는 생각한다.

2013년에 널리 보도된 기사(4월 9일자 아사히 신문 등)에 의하면, 미군기지 확장 반대운동을 위한 데모대가 바리케이드를 부수고 기지 안으로 몇 미터 들어가 기소당한 이른바 스나가와砂川 사건의 1심 무죄판결(1959년 3월 30일 도쿄 지방재판소 판결)에 대한 최고재판소로의 비약적 상고사건(같은 해 12월 16일 최고재판소 대법정 판결. 파기 환송, 전원 일치. 한편 이 비약적 상고는 맥아더 대사의 암시에 의한 것으로 알려졌다)에 관해, 당시 다나카 고타로田中耕太郎 제2대 최고재판소장관(임기 1950~1960)이 그해 7월, 한 지인의 집에서 면담한 렌하트 주일 미국공사에게 "판결은 아마 12월에 이루어질 것이다. (최고재판소의 심의에서는) 실질적인 전원일치를 도출하여 여론을 흔드는 근본이 되는 소수의견을 회피하는 방법으로 (평의가) 진행되기를 바란다"고 말했다고 한다.

또한 다나카 장관은 판결에 앞서 맥아더 주일 미국대사와도 역시 비공식 회담을 갖고 판결 내용을 귀띔했다고 한다. 이 모든 내용이 비밀 지정이 해제된 미국의 공문서에 의해 밝혀진 사실이다. 이는 최고재판소 대법정의 판결 내용과 예측에 관해 상당히 명확하게 사전에 누설, 그것도 정치적인 의도를 바탕에 깔고 외국 고위관리에게 누설한 것이다.

'전 도쿄대학 법학부장'이자 '상법, 법철학 학자'였던 사람이 최고재판소 장관이 되자 이런 행동을 한 것이다. 이 학자에게 '법철학'이란, '학문'이란 대체 무엇이었던 것일까? 하지만 이것이 일본 사법의 현실이고 실상이다.

이 사례를 앞에서 언급한 작은 사례와 비교해보기 바란다. 같은 곳에 뿌리를 둔 문제라는 사실을 분명히 알 수 있을 것이다.

이러한 것들보다는 죄는 가볍지만 역시 납득하기 어려운 재판소 조직의 실상을 보여주는 한 예로, 도쿄 지방재판소에서 행해지고 있는 소장대행 판사 등의 이상한 선거에 대해서도 얘기해보겠다.

도쿄 지방재판소의 소장대행 판사는 민사, 형사에 각각 2명씩 두고 있는데 각 제1대행은 사법행정에만 전념한다는 점이 통상의 지방재판소의 경우와 다르다. 소장대행 판사 선거와 함께 상설위원(재판관 가운데서 선출되어 사법행정에 관여하는 상설위원회의 구성원. 민사, 형사 각 5~6명 정도)의 선거도 치러진다.

사법행정에 대해 잠깐 설명을 덧붙이면, 그것은 원래 재판소법에 의거해 최고재판소를 비롯한 각 재판소별로 설치되어 있는 재판관회의 의결에 의한 것으로 되어 있다. 하지만 실제로는 원래 재판관회의에서 결정되어야 할 많은 중요 사항이 최고재판소의 수장인 최고재판소 장관, 고등재판소의 수장인 고등재판소 장관, 지방재판소 · 가정재판소의 수장인 지방가정재판소장, 그리고 앞에서 말한 상설위원으로 구성된 상설위원회에 이양되어 재판관회의의 실체는 완전히 유명무실해졌다. 이런 이유로 사무총국에 의한 재판관 지배 · 통제의 기반이 되고 있다는 지적이 예전부터 있었다(현재는 재판관회의의 권한 중 일부가 넘겨졌던 상설위원회의 심의도 재판관회의의 심의와 마찬가지로 유명무실해졌다).

그런데 말만 선거일 뿐, 소장대행도 그렇고 상설위원도 그렇고 미리 내정되어 있어서 각 기(사법연수소를 수료한 '기期'를 말한다)의 대표를 통해서 각 재판관들에게 대행은 누구와 누구, 상설위원은 누구와 누구에게 투표해야 하는지 지시가 내려간다. 상설위원은 지정받은 기의 재판관들 사이에서 미리 선출해(그런데 하고 싶어 하는 사람이 별로 없어 서로에게 미루곤 한다)두고, 소장대행은 '위'에서 지정을 해준다. 그리고 판사보들은 이 지정을 종종 '하늘의 목소리'라고 불렀다(이와 비슷한 예로 최고재판소 조사관 중에는 최고재판소 판사의 질문을 여전히 '하문下問'이라고 말하는 사람이 있다).

실제로 이처럼 무의미한 시스템이 내가 임명해서부터 퇴임할 때까지의 긴 시간 동안 아무런 변화도 없이 면면히 이어져 왔다.

소장대행 선거에서 혹시나 "아니, 그 사람이 소장대행이 되어서는 안 돼"라는 의견이 다수 나와서 진짜 제대로 된 선거를 하게 될 가능성도 전혀 없지는 않으니(물론 현실적으로는 전혀 없을 것이라고 나는 생각한다. 그렇게 할 수 있는 용기를 가진 재판관이 동시에 여러 명이 특정 재판소에 배속되는 사태는 쉽게 생각할 수 없기 때문이다) 안전장치로서 이와 같은 선거라도 남겨둘 필요가 있을지도 모르겠다. 하지만 저녁에 정기적으로 행해지는 연구회(물론 연구회라는 이름에 어울리는 강연 등이 행해지는 경우는 그리 많지 않으며, 오히려 재판관의 일체감을 갖게 하는 것이 목적인 것처럼 느껴졌다)의 주제를 정하고 그 준비를 하는 것이 실질적인 주요 역할인 이러한 상설위원까지 제대로 된 선거라도 하면 모르겠는데 이처럼 기묘하고도 무의미한 '담합선거'를 행하는 데 과연 무슨 의미가 있는 것일까? 참으로 이해할 수 없는 일이었다.

나는 딱 한 번 한 소장대행 판사에게 "소장대행은 그렇다 해도, 지금과 같은 방법의 상설위원 선거는 별 의미가 없다고 생각지 않으십니까?"라고 물어본 적이 있었는데, 특별한 반응은 없었다. 반응이 없었다기보다는 '이 사람 대체 왜 이런 이상한 질문을 하는 거지?'라는 듯한 표정이었다.

변호사협회나 대학은 물론, 지금은 제아무리 조그만 마을에서라도 이런 선거는 행해지지 않을 것이다. 내가 어렸을 때 시골 마을에서 이와 같은 선거를 했던 것을 기억하고 있으나 그것도 벌써 반세기 전의 일이다.

이러한 사태의 배경에는 틀림없이 '집단에 대한 바운더리(경계에 대한 인식)의 결여, 집단이나 규범의 물신화(인간이 만든 물건이 주물화呪物化되어 인간이 거기에 지배받는 현상)'라는 심리학적 원리가 있다고 생각한다. 카운슬링에서는 문제가 있는 인간관계에 대해 '바운더리의 결여'나 '바운더리 확립의 필요성'을 이야기하는 경우가 있다. 일본에서는 이러한 '바운더리의 결여'를 친밀한 관계나 집단 · 개인의 관계에서 흔히 볼 수 있다. 흔히 말하는 '집단에 대한 귀속의식이 매우 강한 일본인'이라는 원인이 여기에 있다. 그리고 이것은 일본의 재판관 집단에도 꼭 들어맞는 말인데, 그들은 이 기묘한 선거의 예가 단적으로 보여주는 것처럼 '집단과 규범의 물신화' 기제機制가 매우 강한 사람들이다.

선거소송의 원고들이 이 사실을 안다면 과연 어떤 생각이 들까?

| 오사카 고등재판소, 나하 지방재판소 오키나와 지부 경험 |

민사국 소속 경험으로 완전히 지쳐버린 나는 하마마쓰에서의 마음 편한 생활이 그리워졌기에, 이번에는 비교적 여유로운 지방의 재판소에서 근무하고 싶다는 뜻을 밝혔다.

그런데 뚜껑을 열어보니 결과는 오사카 고등재판소의 좌배석이었는데, 다음에는 도쿄로 다시 부를 테니 우선은 오사카로 가달라는 것이었다. 오사카에서는 이전까지의 판결문에 비해 이해하기 쉽고 읽기 쉬운 새로운 판결문 양식을 제안하는 위원의 말석에서 일하기도 했다.

앞서 언질도 있었기에 다음 임지는 도쿄가 될 줄 알았으나, 실제로는 나하 지방재판소 오키나와 지부의 재판장으로 가게 되었다. 부임이 결정되고 얼마 지나지 않아 그 지부에서 가데나嘉手納 기지 소음공해 소송*을 심리 중이라는 사실을 알게 되었다.

나를 오키나와에 부임토록 한 것은, 오랜 동안 지지부진하던 이 사건의 심리를 궤도에 올려 조기에 판결을 내리게 하기 위해서였다. 도쿄에서 사람을 찾아보았지만 마땅한 인물이 없어 결국 오사카 고등재판소에 있던 내가 선택을 받은 것이라고 후에 다른 사람으로부터 들었다. 내게 그 임무를 맡긴 이유를 분명히 알 수는 없지만, 아마도 너무 강경하게만 소송을 지휘하는 재판관이 부임하면 원고 대리인들의 협력을 얻기 어려울 테니 비교적 학구적인 면도 가지고 있고 소송 진행 방법 등에 관한 지식도 있는 재판관이 바람직하다고 생각했던 것이 아닐까 여겨진다.

당시 공항소음 금지에 관한 최고재판소의 판례로는 오사카 국제공항 야간비행 금지 등 청구사건의 판결(1981년 12월 16일, 최고재판소 대법정 판결)이 있었다. 하지만 그 판결은 쉽게 말하면, "공항 소음의 민사 금지는 소음이 아무리 크다 할지라도(설령 난청 등과 같은 중대한 건강상의 피해가 발생한다 할지라도, 라고도 받아들여진다), 또한 야간에 한정된 금지라 할지라도 받아들일

---

*가데나 기지 소음공해 소송 : 1982년, 601명의 원고단은 주택가 근처의 가데나 미군기지에 대한 야간비행금지 및 과거, 미래의 손해배상 등을 요구하며 국가를 상대로 나하 지방재판소 오키나와 지부에 제소했다. 1994년 1심판결에서 비행금지 기각, 손해배상 미래분은 각하, 과거분은 부분 인정하는 판결이 나왔다. 1998년 항소심에서는 비행금지 각하, 손해배상 과거분 부분 인정, 국가 측의 위험에의 접근론은 기각. 건강 피해는 인정하지 않았다. _옮긴이 주

수 없다. 행정소송이 가능할지에 대해서 우리는 관여하지 않겠다"는 의문투성이의 내용이었다.

우리 젊은 재판관들로 구성된 합의체는, 민간공항과 미군기지라는 사안의 차이가 있기 때문에 이 사건에서는 최고재판소의 오사카 공항 판결에 대한 판단 근거를 따르기는 어려우니, 하다못해 중대한 건강상의 피해가 발생한 경우에는 금지도 인정할 수 있다는 일반론을 세워 판례에 조그만 여지를 남겨놓아야겠다고 생각했다. 그런데 판결의 초안을 완성한 단계에서 미군기지의 소음금지 청구를, 주장 자체가 부당하기에 기각한다는 최고재판소의 판결(1993년 2월 25일)이 나왔다. 우리가 모색한 생각은 이 새로운 판결에 정면으로 저촉하는 것이 되어 버렸다.

어떻게 해야 할까? 우리는 그 점에 대해 다시 한 번 평의를 해서 결국은 최고재판소의 새 판결에 따르는 길을 택했다.

일반적으로는 같은 사안에 대한 최고재판소의 판결이 있는 경우, 하급심 재판소(최고재판소 이외의 재판소라는 의미)는 거기에 따르면 되는 경우가 많다. 통상적인 법률론이라면 대부분의 경우 거기에 문제가 없으며, 법적인 안정성에도 부합된다. 예외가 있다면 그 판단이 어떤 의미에서 분명히 이상하다고 여겨지는 경우이다.

솔직히 말해 우리는 이 최고재판소 판결의 이론 구성에 완전히 동의한 것은 아니었다. 하지만 당시는 나도 여전히 의문을 품고 있으면서도 최고재판소의 판결은 옳다, 아주 특별한 사정이 있지 않는 한 거기에 따라야 한다고 생각하고 있었기에, 새로 내려진 최고재판소 판결에 정면으로 저촉되는 판결을 내리는 데 대해서는 망설임이 있었다.

그러나 이 판결(1994년 2월 24일, 나하 지방재판소 오키나와 지부 판결)은 지금까지도 내 가슴에 가시처럼 박혀 남아 있다. 그렇게 한 것이 정말 잘한 일인가 하는 의문을 떨쳐버릴 수 없었으며, 또 생각하면 생각할수록 그런 생각이 조금씩 더 강해져갔다.

나는 이 사건을 계기로 본격적인 연구에 몰두하게 되었다. 민사소송법학을 포함한 법학의 중심 원칙과 이론, 재판제도와 법제도의 역할에 대한 이해 부족이 이 같은 사태를 초래한 것이 아닐까 생각했기 때문이었다.

| 최고재판소 조사관 취임, 투병생활, 필명 · 실명에 의한 집필 |

1994년에 오키나와에서 도쿄로 돌아와 최고재판소 조사관으로 일하게 되었다. 최고재판소 판사들의 심의를 위해 보고서를 작성하기도 하고 경우에 따라서는 판결문의 초안을 쓰기도 하는 일이다.

하지만 최고재판소에서의 두 번째 근무도 역시 내게 맞지 않았던지, 곧 몸에 이상이 생겼다. 최고재판소 조사관도 엄연한 결재제도(수석, 상석)가 존재하는 히에라르키(계층)적 관료제 속의 톱니바퀴일 뿐, 같은 일을 하는 미국의 로클럭(law clerk, 일류 로스쿨을 우수한 성적으로 졸업한 젊은이들이 맡는 일이다)처럼 창의력과 사고력을 발휘하여 재판관과 함께 새로운 판례를 창조해나가는 역할과는 상당한 차이가 있었다(이 책에서는 미국 등 외국의 사법제도를 언급한 경우가 많은데 그것은 주로 재판관제도나 재판관의 실상을 비교하기 위한 것이지 결코 외국의 제도가 일본의 제도보다 뛰어나다고 말하려는 것은 아니다).

사무총국 국원이나 최고재판소 조사관에 대해 출세 코스를 걷는 '엘리트 재판관'이라는 이미지가 있지만, 그것은 피상적인 견해일 뿐 실상은 앞에서 얘기한 것과 같다. 내가 이런 조직 안에서 상층부까지 가고 싶지는 않다고 생각한 것은 두 번째 최고재판소 근무에서 얻은 경험 때문이었다.

최고재판소 조사관 시절의 경험 중에서도 기억에 선명하게 남아 있는 것이 있다.

최고재판소 재판관과 조사관의 합동 오찬회 자리, 한 테이블의 최고재판소 판사가 갑자기 커다란 목소리로 말했다.

"사실 우리 집 벽장 안에는 블루퍼지와 관련된 자료가 산더미처럼 쌓여 있어. 벽장 한가득. 어떻게 처분해야 하지?"

그러자 "나도!", "나도야!"하고 다른 두 명의 최고재판소 판사들도 한목소리로 말했다.

이때도 사무총국에서의 회의 때와 마찬가지로 오찬회장 안이 한동안 침묵에 잠겼던 것을 기억하고 있다.

다수의 조사관과 재판관 출신 이외의 최고재판소 판사들은 이처럼 공적인 자리에서 6명의 재판관 출신 판사 중 절반이나 되는 3명이 부끄러워하는 기색도 없이 오히려 자랑스럽다는 듯이 이와 같은 말을 했다는 데 충격을 받은 듯했다.

블루퍼지란 청년법률가협회青年法律家協會 재판관부회裁判官部會, 이른바 청법협 소속 재판관과 좌익계 재판관에 대한 재임용 거부까지를 포함한 온갖 부당 대우와, 인사를 미끼로 한 청법협에서의 탈퇴 공작을 말한다. 내가 아는 한 전향한 재판관 중에는 극단적인 체제 수호파가 된 인물도 많다. 일본의 좌익에서 흔히 볼 수 있는데, 극에서 극으로 전향한 전형적인 사례 중 하나라고 할 수 있다(블루퍼지라는 말은 제2차 세계대전 이후 미국의 반공 히스테리에서 비롯된 레드퍼지, 즉 빨갱이사냥—실제로는 다수의 자유주의자까지 표적이 되었다—에서 따온 말인 듯하다. '청법협'의 '청'을 따서 블루퍼지라고 한 것이다).

그렇다면 오찬회에 참석한 사람들이 어째서 충격을 받은 것일까?

블루퍼지는 말하자면 최고재판소 사법행정의 역사에서 치부 중의 가장 대표적인 치부에 해당하기 때문에, 상식적으로 이런 공식적인 합동 오찬회 자리에서 큰 목소리로 자랑스럽다는 듯이 이야기할 만한 것이 아니다. 하지만 해당 재판관들은 그런 사실조차 깨닫지 못하고 있는 듯했다.

당시의 캐리어시스템 출신 최고재판소 판사들의 '적어도' 절반쯤이 앞서 말한 비상식적인 행위에 깊이 관여했었음을 보여주는 사실로, 틀림없이 그 행위가 그들을 최고재판소 판사로까지 올려 준 중요한 '실적'이기도 했으리라. 내가 '적어도'라고 말한 것은 블루퍼지에 관여하기는 했으나 차마 사람들 앞에서 말하기는 부끄럽다고 생각하는 사람들도 있을 가능성이 높기 때문이다.

캐리어시스템은 사법시험에 합격한 젊은이가 사법 수습을 거쳐 그대로 재판관이 되는 관료재판관 시스템을 의미하는데, 상당 기간 변호사 등의 법률가 경험을 쌓은 사람들 중에서 재판관으로 선임되는 법조일원제도法曹一元制度와 대비된다. 캐리어시스템은 독일, 프랑스 등의 대륙법계 각국에서 시작된 제도이며, 법조일원제도는 미국, 영국 등의 영미법계 각국에서 시작된 제도이다. 이 책에서도 여러 가지 관점에서 논한 것처럼, 나는 일본의 캐리어시스템에는 문제가 많으며 특히 요즘에는 그 저급화와 황폐화가 심화되고 있다는 사실을 고려하면 사법을 재생시키고 또 국민과 시민을 위한 재판, 당사자를 최우선으로 생각하는 재판을 실현하기 위해서는 법조일원제도의 실현이 불가피하다고 생각한다(넓은 의미에서의 캐리어시스템이란 일반적으로 공직을 평생의 직업으로 보장하는 제도를 말하지만, 여기서는 재판관 제도에 한정된 의미로만 쓰겠다).

어쨌든 최고재판소 근무 시절 나는 몸에 이상이 생겼다. 진단은 신경증을 동반한 우울증이었다. 주관적인 증상은 꽤나 중증이었으나 최고재판소를 그만두는 것을 전제로 입원을 했더니 몇 주일만에 거짓말처럼 나아버렸다.

판사가 되었을 무렵부터 시작한 세키네 마키히코關根牧彦라는 필명에 의한 집필(필명을 사용한 이유는 재판관이라는 신분에 구애받지 않는 글을 써보고 싶었기 때문이었다)에 이어 연구도 본격적으로 하고 있었는데, 민사보전법에 관한 논문 집필, 해설서 편저 이후 그것들을 집대성해 2001년 출판한 ≪민사보전법≫이 단독으로 저술한 첫 번째 책이었다. 이 이론서는 이 분야에서 가장 널리 사용되고 있으며, 변호사 등으로부터도 높은 평가를 얻고 있는 듯하다. 또한 지바 지방재판소 재직 중이던 1999년에는 일본 민사소송법학회에서, 2001년에는 일본가족 '사회와 법' 학회에서 각각 발표를 했다. 이들 발표는 사실상 상층부의 추천 겸 지명을 받아서 한 것이었다. 내용과 질까지 생각해야 하는 학회보고였기에 차마 사무총국의 대변인을 내세울 수는 없었던 모양이다. 하지만 만약 지금이었다면, 설령 재판소에 남아 있었다 할지라도 내가 지명을 받는 일은 없었을 것이라 생각한다. 2000년대 이후부터 재판소·재판관 집단의 관료화가 급속하게 진행되었기 때문이다.

필명으로 쓴 내 책은 단단한 결속력을 자랑하는 재판소 조직, 정신적 자기규제로 스스로를 한껏 억압하고 있는 재판관들 사이에서 반감과 질투를 사는 즐겁지 않은 부작용도 있었고, 상층부의 재판관 가운데는 "재판관은 일과 관계없는 글을 써서는 안 된다"고 나를 직접적으로 비난한 사람까지 있었다. 그리고 연구에 있어서도 1999년에 발표한 <법률가의 정신건강>(실제로는 오히려 재판관의 정신구조)에 관한 논문과, 2001년의 <구두변론 충실형 소송운영>이라는 새로운 심리방법을 제안한 논문 때문에 커다란 불협화음이 일게 되었다. 재판소 조직에서 재판관의 정신건강과 정신구조를 논한다는 것은 용납할 수 없는 금기였으며, 심리방법을 제안한 것 역시 사무총국 민사국이 추천하는 변론준비 절차라는 일종의 밀실 심리 방식에 반하는 것이었기에 상층부뿐만 아니라 사무총국의 말이라면 무조건 따르는 것이 습관화되어 있는 재판관들로부터도 걸핏하면 공격을 받았다. 민사국이 이와 같은 밀실 심리 방법을 고집하는 이유는 분명하진 않지만, 재판관이 법정 이외의 장소에서 당사자로부터 융통성 있게 정보를 취하는 방식으로 사건의 보다 빠른 처리를 꾀하는 일의 이점은 누구나 쉽게 생각해볼 수 있는 것이리라.

그래도 당시에는 아직 상층부에도 나를 이해해주는 사람이 얼마간은 존재했었다.

| 연구에 더욱 몰두하기 시작 |

연구, 교육 분야로 일을 옮기고 싶다는 마음이 급속하게 강해진 것은 2000년 전후부터였다.

실무를 체계적, 이론적으로 설명한 책으로 2000년 초에 원고를 쓴 ≪민사소송 실무와 제도의 초점—실무자 · 연구자 · 법과대학원생과 시민을 위한≫(판례 타임스사, 2006년)의 후반 내용은 재판소

제도를 포함한 사법제도론이었다.

원래 재판소 당국은 사무총국의 취지에 부합하는 논문을 제외하면 재판관의 연구와 집필을 별로 탐탁지 않게 생각한다. 형식논리에 의한 조문 해석이라면 또 모르겠지만, 법률론이라 할지라도 독창성을 앞세운 것은 금기시되었다. 당국에 의한 재판관의 지배, 통제 시스템에 어떤 의미에서든 조금이라도 저촉될 가능성이나, 일반인의 관심을 끌 가능성이 있는 제도론, 즉 사법제도 · 법조제도의 구조나 바람직한 모습에 대한 분석이나 논의는 더 말할 필요도 없다.

앞에서 말한 2편의 논문, 특히 <법률가의 정신건강론> 때문에 비난 받은 것에서도 분명히 알 수 있는 것처럼 애초부터 재판소에서는 금기시되어 왔던 제도론을 더욱 열악해져가고 있는 상황 속에서 저술하려면 기본적으로는 그것을 긍정하면서 그 개선책을 얘기해야 한다는 큰 제약이 뒤따른다. 특히 제도론에 있어서는 정신적 의미에서의 공산주의 사회에서 집필하는 것과 비슷한 부분이 있다고 비유할 수 있을 것이다. 물론 나도 그 원고를 집필할 당시에는 재판관 집단이 가지고 있을 기본적 도덕관념과 직업의식, 그리고 진행 중이던 사법제도 개혁에 의한 재판소와 재판관제도의 개선에 대해 여전히 희망을 품고 있었던 것도 사실이었다.

그러나 나중에 언급하겠지만 재판소 당국은 사법제도 개혁의 움직임을 무효화했을 뿐만 아니라 역으로 그것을 악용했고, 그 결과 재판소와 재판관 집단은 금세기에 들어 서서히, 그러나 눈에 띄게 악화되어 갔다. 특히 평균적인 재판관, 중간층의 모습이 조금씩 변하여 악화되어간 사실에 나는 큰 충격을 받았다.

일본의 재판관이 그 본질적인 면에 있어서 재판관이라기보다 실제로는 관료, 관리에 가까웠으면서도 행정관료들보다 신뢰를 얻어왔던 가장 큰 이유는 평균적인 재판관, 중간층이 설령 보수적이고 사고방식이나 시야는 편협하다 할지라도 하루하루 성실하게 일을 하고, 예를 들어 행정소송이나 헌법소송 등과 같은 류의 사건을 제외한 일상적인 사건에 관해서는 당사자의 말에도 나름대로 귀를 기울여왔기 때문이었다. 다시 말해서 장인정신을 가진 재판관들이 일본 재판의 질을 유지해왔던 것이다. 그런데 상층부의 저급화, 부패(자세한 내용은 나중에 논하겠다)와 함께 그러한 중간층도 지치기 시작했으며 의욕을 잃어, 명백한 사대주의, 무사안일주의에 빠지게 되었다.

지금의 재판소의 상황은 이른바 관료·관리 타입이 예전에 다수파를 차지했던 장인匠人 타입을 압도하여 쫓아낸 상황이라고 해도 좋을 것이다. 다시 말해 다수파, 중간층의 관료화·관리화 경향이 눈에 띈다. 원래부터 소수이기는 했지만 그래도 일정한 수는 늘 존재했던 학자 타입도 거의 자취를 감춰, 적어도 나 이후로는 학계에 알려진 사람을 찾아보기 어렵다.

그러한 가운데 2000년대 후반에 집필한 ≪민사소송의 본질과 여러 모습 —시민을 위한 재판을 향해≫의 원고는 도저히 재판관을 계속하면서 발표할 수 있을 만한 것이 아니었기에 초고 완성 후에도 제도론·제도비판 부분을 중심으로 내용을 보충하는 등 퇴고를 거듭해가며 학자로 전향할 날만을 기다렸다. 그 내용은 내 연구의 총론이며, 그 형식은 이 책과 마찬가지로 연구와 필명을 사용한 집필, 두 흐름이 융합된 형식이다. 내용은 물론 그와 같은 새로운 형식 자체가 지금의 재판소에서 금기시되고 있는 것이라는 점은 불을 보듯 뻔한 일이었다. 나는 재판관 신분으로도 출판 가능한 사례집(실제 판결을 인용한 학습교육서. 이 사례집은 나 자신의 판결에 스스로 해설을 가한 것이다), 논문집, 이전까지의 책을 바탕으로 한 3권의 입문서를 출판하며 앞서 말한 원고를 소중히 간직한 채 그것이 발표될 날만을 기다렸다.

| 학자로의 전향 |

내 연구는 재판관이나 변호사뿐만 아니라 저서와 논문, 두 차례에 걸친 학회보고 등을 통해 민사소송법을 비롯한 민사법 영역의 학자들에게도 상당히 알려지게 되었고 그 결과 몇몇 대학의 초빙 권유를 받게 되었다.

재판관 시절 대학으로부터 권유를 받은 것은 세 번. 처음 권유를 받은 것은 2002년 무렵, 두 번째는 2005년 무렵, 마지막은 2011년. 순서대로 공립, 국립, 사립이었는데 마지막이 메이지대학이었다. 공립과 국립대학도 상당히 높은 평가를 얻고 있는 유력 대학으로 법과대학원 내지 법학부의 민사소송법 전임교수로 와 달라는 내용이었다.

처음 얘기가 나왔을 때는 재판관이라면 한번쯤은 경험해보고 싶은 도쿄 지방재판소의 재판장을 하기 전이었기에 재판관을 계속하고 싶다는 마음이 강해서 일찌감치 사양했으나, 국립대학에서 얘기가 나왔을 때는 솔직히 말해서 받아들이고 싶었다. 단신 부임하여 두 집 살림을 해야 하는 생활의 불편과 그에 따른 상당한 지출이라는 문제만 없었다면, 수입의 감소라는 문제가 있었다 할지라도 즉석에서 받아들였을 것이다. 두 번의 권유 사이에 3년이라는 시간이 지나는 동안 내 마음에 큰 변화가 있었던 셈이다.

2011년 가을 메이지대학의 초빙 권유는 여러 가지 의미에서 시의적절한 것이었는데 법과대학원의 학생 수 감소라는 최근의 상황을 생각해보면 거의 마지막 기회가 아니었을까 하는 느낌이 들기도 한다.

내가 재판관을 그만둔 이유, 학자로 전향하게 된 이유는 우선 연구, 교육, 집필에 전념하고 싶다, 나만이 할 수 있는 일을 해보고 싶다는 마음이 매우 강했기 때문이다. 나는 원래 학자에 어울리는 자질을 가지고 있었기에 이것은 매우 자연스러운 일이었다.

하지만 소극적이기는 하나 두 번째 이유가 있었는데, 재판소나 재판관의 다수파에 완전히 실망했다는 점도 있었다. 솔직히 말해 얼굴도 마주하고 싶지 않은 부류들이 조금씩 늘어가고 있었다.

그런 상황 속에서 나는 2000년대 후반에 다시 건강이 악화되었다. 먼젓번과는 달리 이번에는 그 원인이 너무나도 분명했다. 마음에도 없는 재판관 생활을 억지로 계속해 나가는 것에 대한 거부반응, 그리고 심야와 주말의 연구에 의한 과로 때문이었다. 나는 회복한 후에도 참된 의미에서의 정신적 건강을 되찾고 보람 있는 인생을 살기 위해서는 직업을 바꾸는 수밖에 없다고 생각하게 되었다.

실제로 재판관 시절의 마지막 7, 8년 동안의 내 입장은 공산주의 사회에서 조용히 망명할 기회를 기다리는 지식인의 심정과 비슷하거나 적어도 거기에 한없이 가까이 다가가고 있었다. 그리고 조금씩 녹아내리는 빙산 위에 서서 물 위를 떠도는 사람과도 같은 불안함을 느끼며 하루하루를 살아갔다.

| 전향에 대한 비난과 사실상의 조기 퇴임 강요 |

재판관 시절의 마지막을 장식한 상징적 에피소드는 2012년 초에 있었던 사건이다.

나의 메이지대학 취임이 결정된 이후, 재판소는 어떤 행동을 취했을까?

우선 사무총국 인사국은 지방재판소 소장을 통해 승인이 있을 때까지는 퇴임 사실도, 대학으로 옮기게 되었다는 사실도 입 밖에 내서는 안 된다고 내게 알려왔다. 시기가 결정된 자진 퇴임,

그것도 대학으로 옮기는 것을 전제로 한 퇴임 사실을 입 밖에 내서는 안 된다는 말은 들어본 적도 없었기에, 명백한 탄압이라는 생각이 들었다. 이 사실에 대해서는 '최고재판소 재판관회의에서 승인이 있을 때까지'라는 취지였음을 나중에 듣게 되었으나 왜 나의 퇴임에 한해서만 그처럼 형식적인 승인 시점까지 극비로 할 필요가 있었는지에 대해서는 여전히 아무런 설명도 듣지 못했다. 또한 그 시점 이후부터 지방재판소 직원의 최고위직인 사무국장(고등재판소는 재판관이 사무국장을 맡는 것과는 달리 지방재판소의 사무국장은 직원이 사무를 맡고 있으며, 아무런 결정권도 없다)이 내게 매우 무례하고 관료적이며, 딱딱한 태도를 보이기 시작했는데, 이는 소장이 그 사람에게 나에 대한 어떤 언질을 주지 않았다면 절대로 있을 수 없는 일이다.

하지만 정말 놀라운 일은 그 뒤에 일어났다.

1월 30일 아침, 나는 대학 강의 준비를 위해 연차 유급휴가 승인 신청서를 냈는데, 그날 12시에 소장은 기간이 너무 길다며 신청서를 일단 철회하라고 말해 나는 어쩔 수 없이 그 말에 동의했다.

그런데 그 후부터 소장은 그렇게 유급휴가를 쓸 거면 차라리 빨리 그만두는 게 어떻겠느냐고 얘기하기 시작했고, 내가 소장실을 나올 때까지 표현을 바꿔가며 같은 말을 몇 번이고 집요하게 되풀이했다. 말 자체는 빠져나갈 구멍을 마련해두기 위해 애매한 표현을 썼지만, 그 눈빛에는 조금의 흔들림도 없었으며 목소리에는 격렬한 노기가 담겨 있었다. 다시 말하면 사실상의 조기 퇴임 강요였다.

그리고 3월 15일과 22일에 사건의 변론재판에 들어가야 한다는 내 말에 대해서도 소장은 그런 변론은 다른 사람에게 시킬 테니 신경 쓸 것 없다고 대답했다.

유급휴가를 쓰지 말고 당장 그만두라는 것은 노동법의 기본원칙에 위반되는 말일 뿐만 아니라, 내게 재판을 하지 말고 그만두라고도 말했으니 재판관의 신분보장(일본국 헌법 제78조)의 취지에도 어긋나는 행위다.

나는 소장에게 예정대로 3월 말에 퇴임하고 싶다는 말만을 하고 집무실로 돌아왔다. 책상에 잠시 멍하니 앉아 있다 문득 시계를 보니 12시 25분이었다. 소장실은 내 집무실에서 가까우니 25분 가까이나 소장에게 붙들려 승강이를 한 셈이었다.

그리고 그날 4시 반 무렵, 나는 다시 소장실로 불려갔다.

소장은 다시 마음을 바꿀 생각은 없는지, 판사가 퇴임을 앞두고 그렇게 유급휴가를 쓰는 경우는 거의 없을 거라 생각되는데 "정말로 그렇게 할 거냐"며, 마치 내가 비상식적인, 혹은 재판관의 체면을 구기는 행위라도 하고 있는 것처럼 내게 물었다. 나는 신청한 휴가 중 오후만 쉬는 반일半日 휴가 건은 제출하지 않겠다고 말했지만 소장의 태도는 조금도 변하지 않았다. 나는 내 생각에는 변함이 없으며, 3월에 예정된 재판은 사건을 알고 있는 내가 담당하는 편이 나을 것이라는 생각을 전달한 다음 자리를 박차고 일어나 소장실 문을 등 뒤로 닫고 내 방으로 돌아왔다.

소장의 말 가운데 '판사 중에서 퇴임 전에 그렇게 유급휴가를 쓰는 사람은 거의 없다'고 말한 것은 옳지 않다. 사실 퇴임 전에 유급휴가를 몰아서 쓰는 사람은 꽤 많으며, 10년에 한 번 취득할 수 있는 10일 이상 연휴의 유급휴가(해외여행에 이용되는 경우가 많다)를 쓰는 사람도 있다고 나중에 선배로부터 들었다.

결국 내가 퇴임한다는 사실을 재판소 내부 사람들에게는 말해도 좋다는 말을 들은 것은 2월 17일이었다. 그리고 소장은 내가 퇴임하기 전에 다른 재판소로 자리를 옮겼다.

그렇다면 그 소장은 왜 그처럼 어리석은 행동을 한 것일까? 이상하게 여길 사람이 많을 것이다.

나도 잘 납득이 되지는 않지만 이렇게 된 것이 아닐까 추리해보았다.

우선 그 소장은 그때까지의 사무총국 인사국과의 관계를 보고 내가 무슨 이유에서인가 감시를 받고 있는 재판관이라고 생각하게 된 듯하며, 전례 없이 퇴임 사실을 밝히지 말라는 조치가 있었기에 그런 자신의 생각에 더욱 확신을 갖게 된 것이 아닐까 싶다.

그리고 내가 유급휴가를 신청하자 그것을 그대로 수리하면 자신의 평가에 영향이 있지 않을까 생각한 듯하다. 그랬기에 사무총국에 영합할 생각으로 그처럼 어리석은 행동을 한 것이 아니었을까? 물론 이것은 단순한 추측에 지나지 않으며 진상은 알 수 없다.

내가 하고 싶은 말은, 그 소장과 같은 행동이 아마도 지금은 그렇게 특별할 것도 없는 행동이 되지 않았을까 하는 점이다.

어떤 사람이 경험한 현상은 통계적인 정규분포의 중심 부근(가장 많은 부근)에 있을 가능성이 가장 높다는 자연과학의 기본 법칙이 있다. 나처럼 일정한 실적과 경력과 사법행정에 관한 지식을 가지고 있는 재판관에게, 그것도 앞으로 대학으로 옮길 것이 확정된 사람에게 그처럼 어리석은 행동을 부끄러운 줄도 모르고 대담하게 하는 소장이 존재한다는 사실은, 곧 전국 각지의 재판소에 그와 같은 행위를 하는 소장이 다수 존재할 수도 있다는 것을 보여주는 것이다. 또 대다수의 재판관, 특히 젊은 재판관들은 거기에 굴복하고 있을 가능성이 높다는 사실을 보여주는 것이기도 하다.

하지만 재판소 당국은 이와 같은 사실을 내가 여기서 공표해도 그것이 어떤 형태로든 크게 부각되지 않는 한, 그 후 고등재판소 장관이 된 그 인물에게 아무런 내부 조사도 하지 않은 채 그대로 덮어버릴 가능성이 매우 높다고 나는 생각한다.

지금의 재판소는 이미 그런 곳까지 추락해버렸다는 사실, 그리고 그것은 내가 단편적으로 이어온 몇몇 사실을 구성요소로 하는 커다란 흐름의 연장선상에 존재하며, 그런 의미에서 필연적인 사태라는 사실을 독자 여러분께서도 알아주었으면 한다.

| 내가 걸어온 궤적의 의미 |

내가 판사보 시절, 후에 최고재판소 판사가 되신, 그리고 내가 알고 있는 한 가장 뛰어난 최고재판소 판사였던 오노 마사오大野正男 변호사로부터 다음과 같은 말을 들은 적이 있다.

"세기 군. 사법은 작다고 생각하고 있겠지? 전체를 놓고 보면 작고 좁은 세계일세. 그렇다고는 하지만 지금의 일본에서 정실情實이나 권력 관계의 영향을 받지 않고 어떤 일의 시비를 가릴 수 있는 세계는 어쩌면 여기밖에 없는지도 몰라."

서문에서 얘기한 '큰 정의와 작은 정의'와도 일맥상통하는 말인데 일본의 사법에서 그것을 실현할 여지는 안타깝게도 점점 줄어들고 있지 않은가 하는 것이 솔직한 나의 생각이다.

예전에 구라타 다쿠지倉田卓次라는 유명한 학자 재판관이 있었다. 나보다 서른 살 이상 연배인데 사변적 SM소설 ≪가축인 야프≫의 저자가 아닐까 하는 얘기가 있어서 한때 일반인들 사이에서도 화제가 되었던 분이다(하지만 본인은 부인하고 있다). 이분도 만년에 '판결과 논문, 그리고 사적인 글까지도 쓸 줄 아는 후배는 30년 만입니다. 열심히 해주시기 바랍니다'라는 내용의 격려 편지와 메일을 몇 차례 나에게 보내주었다. ≪대화로서의 독서≫라는 책에 실린 나의 몇몇 글과, 창작 ≪영화관의 요정≫을 높이 평가해준 것을 기쁘게 기억하고 있다.

그분의 본질은 물론 섬세했으리라 생각되지만, 겉으로는 매우 개성있고 적극적이고 호쾌해서 언뜻 보기에 얌전해 보이는 나와는 달리 논의와 논쟁에도 적극적이었다. 당연히 재판관들 중에는 그를 싫어하는 사람이나 질투하는 사람들도 많았다.

그래도 구라타 씨는 61세 때 건강이 안 좋아 공증인이 되기까지 당신의 의사대로 재판관을 계속했다. 그의 에세이를 읽어보면 여러 가지 불쾌한 일도 있었던 듯하나 재판관이라는 직업에는 마지막까지 만족했던 듯하다.

하지만 그로부터 30년 후, 남들이 보기에는 틀림없이 구라타 씨보다 훨씬 평범하게 보였을, 그리고 연구, 집필에 있어서는 꽤 날카로웠을지 모르나 재판 실무에 있어서는 대체로 건전한 판단 수준을 지키고 있었던 나는 재판소와 재판관에 절망하여 40대 후반부터 전향을 생각하지 않을 수 없었다.

솔직히 말해 미국의 재판관이었다면 모르겠지만, 일본의 계층적 관료체제 안에서 관료재판관으로 일한다는 것은, 학자 기질을 가진 나로서는 애초부터 불가능한 일이었을지도 모르겠다는 생각이 들기도 한다. 내가 점차 연구와 집필에 몰두하게 된 경위와, 내가 서서히 조직에서 내몰리게 된 경위가 서로 맞물려갔기 때문이다.

하지만 한편으로는 재판소가 조금씩 안 좋은 쪽으로 변해가고 있었다는 시대적 흐름도 역시 부정할 수 없을 것 같다는 생각이 든다.

캐리어시스템 속에서 성장했으며 예전에는 거기에 어느 정도

애착심도 품고 있던 내가 이 책에서 주장하는 바와 같이 법조일원 제도를 가능한 한 빨리 실현하기 위한 기초 작업에 착수해야 한다고 생각을 바꾸게 된 가장 큰 이유는, 지금의 재판소에, 피라미드형 캐리어시스템에, 그리고 그 타성에 한껏 젖어버린 다수파 재판관들에게 더 이상 제도의 자정작용을 기대하기 어렵지 않을까 하는 현실 인식이 있었기 때문이다.

| 제2장 |

최고재판소 판사의 숨겨진 맨얼굴

겉모습과 숨겨진 속내를 교묘하게 활용하는 권모술수의 책사들

| 재판소 인사의 실정 |

이번 장에서는 우선 캐리어시스템 안에서의 상층부 인사人事의 실정에 대해 분석해보기로 하겠다.

소신 있는 양식파良識派는 높은 자리에 오르지 못한다는 것은 관료조직이든 일반적인 조직에서든 상식일지도 모르겠다. 하지만 기업의 경우 상층부가 지나치게 부패하면 실적에 문제가 생기기 때문에 일정한 자정작용이 시작된다. 그러나 관료조직에서는 그러한 자정작용을 기대할 수 없기 때문에 악화, 부패가 그칠 줄 모르고 계속되는 경우가 많다. 바로 그렇기 때문에 재판소처럼 국민, 시민의 권리와 직접적으로 관계가 있는 기관에 대해서는 이와 같은 조직의 문제를 잘 감시할 필요가 있다. 또한 바로 그렇기 때문에 재판소는 관료조직에서의 탈피, 인사의 객관화와 투명화, 그리고 법조일원제도의 실행이 필요한 것이다.

내가 젊었을 때는 재판관들 사이에 '평생 일개 재판관으로 살아가겠다'는 기개가 여전히 살아 있었으며, 그런 재판관을 존경하는 기풍도 어느 정도는 존재하고 있었다.

또한 재판관 가운데 가장 많은 부분인 중간층에는 적어도 신중하게, 성실히 일을 하겠다는 장점이 있었다고 생각한다.

그리고 재판관 가운데는 성품이 뛰어나고 신사라는 이름에 걸맞은 인물도 상당히 존재했었다.

그러나 2000년대 이후 재판소의 분위기는 그와 같은 기개와 기풍이 거의 사라져버린 듯한 느낌이 든다.

지금의 다수파 재판관들이 하고 있는 것은 재판이라기보다 '사건'의 '처리'다. 또한 그들 스스로도 재판관이라기보다는 오히려 '재판하는 관료, 공무원', '법복을 입은 공무원'이라고 하는 편이 훨씬 본질에 더 가깝다.

"지난달에는 12건이나 화해로 마무리 지었어."

"이번 달의 새로운 사건 중 30퍼센트는 화해로 마무리 짓지 않으면 골치 아플 거야."

이와 같은 재판관들의 일상적인 언행에서 단적으로 드러나듯이 소송 당사자의 이름도, 얼굴도, 개성도, 소망도, 생각도, 슬픔도 그들의 머릿속에는 없다. 머리말에서도 이야기한 것처럼 당사자의 이름 따위는 소송기록이나 수첩의 한 귀퉁이에 적힌 하나의 '기호'에 지나지 않으며, 문제가 되는 것은 처리한 사건의 숫자와 속도뿐이다.

제4장에서 자세히 밝히겠지만 그러한 재판관들의 자세 때문에 어려운 법률판단의 회피와 화해의 강요 등과 같은 일본 민사재판 특유의 문제점, 그리고 영장, 특히 구류영장의 지나칠 정도로 안일한 발부와 검찰관을 추종하는 자세에서 비롯되는 억울한 죄 등 일본 형사재판 특유의 문제점이 발생하는 것은 너무나도 당연한 결과다.

"제2차 세계대전에 돌입했을 때의 일본에서, 몇 년 사이에 자유주의자들이 어느 틈엔가 모습을 감추고 순식간에 전체가 부패하기 시작했다는 얘기를 들은 적이 있습니다. 한 나라조차도 이럴진대 재판소라는 조직 전체가 부패하는 것은 더욱 가능한 일이라고 생각합니다."

어느 학자의 이와 같은 말은 2000년대 이후 재판소의 상황을 정확히 표현한 것이라 생각된다.

지금의 재판소 인사 상황에 대해 어느 정도 구체적으로 서술해 보기로 하겠다(재판관의 계층에 대해서는 제3장에서 자세히 설명하고 있다).

먼저, 조금이나마 개성적인 재판관, 자신의 소신을 가지고 그것을 주장하는 재판관, 연구하는 재판관은 고등재판소 장관이 될 수 없다(고등재판소 장관은 전국에 8명. 최고재판소 판사에 뒤이은 지위). 설령 상승 욕구가 강해서 대체적으로 재판소 조직의 요구에 따랐으며 오히려 그것을 주도해온 사람이라 할지라도 말이다. 구체적인 인선을 살펴보면 그 사실을 분명히 알 수 있다.

판결이나 논문 등에서 자기 나름대로의 (다시 말해서 최고재판소가 암묵적으로 공인하고 있는 방향과 다른) 의견을 표명해온 인물은, 예를 들어 소장 승진이 다른 동기들보다 몇 년이나 늦어지며, 동기들 가운데 상당수 존재하는 소장 후보자들 중에서도 뒷자리를 차지하게 되거나 혹은 소장 후보자에서 제외되는 등의 불이익을 당한다.

그리고 동등한 지위에 있던 인물들에 대해서 예전에는 거의 볼 수 없었던 부자연스러운 인사를 단행해, 서로의 지위를 차이 나게 만드는 경우도 있다. 내가 잘 알고 있는 한 기(앞에서 말한 사법연수소를 수료한 '기')의 도쿄 지방재판소 민사·형사 소장대행에 관한 인사를 예로 설명해보겠다. 한쪽은 재판관으로서의 실적도 있고 변호사들로부터도 상당히 높은 평가를 얻고 있는 인물이고, 다른 한쪽은 추종적인 자세 덕분에 그 자리에 오른 무신념의 인물이었다.

그런데 최고재판소 사무총국에 대해서도 자기 나름대로의 의견을 개진했던 전자는 멀리 지방의 소장으로, 후자는 도쿄 인근의 소장으로 각각 발령받았다. 이 인사에 대해 민사소송법 학자들 사이에서도 이상하다는 목소리가 들려왔다. 이는 일종의 본보기와 같은 인사인데 '사무총국의 방침에 이러쿵저러쿵 토를 달지 말고 군말 없이 복종하지 않으면 이렇게 된다'는 협박 효과는 매우 크다. 그런데 '사무총국을 거스르면'이라는 수준이 아니라는 점에 주목해주시기 바란다.

앞의 예로 든 사람도 단지 '자신의 의견을 개진한 것일 뿐' 특별히 사무총국을 거스른 적은 없었다.

지금의 재판소는 일종의 유연한 전체주의 체제, 일본 열도에 점점이 흩어져 있는 '정신적 수용소 군도'(≪수용소 군도≫는 구소련의 작가인 솔제니친의 강제수용소에 관한 논픽션의 제목)가 되어버렸다고 생각하는데, 이런 사태가 그러한 예 중 하나다. 자유주의, 개인주의, 개인의 의견, 창조적 연구, 장식품의 수준을 넘어선 교양, 조금 더 나아가 사무총국에 대해 단순한 의견 개진에 대해서도 "그러한 것들 자체가 무례한 일이다. 그런 놈들이 마음에 들지 않는다"라는 데까지 타락해버린 것이다.

그렇다면 재판소에서의 상층부 인사 전반은 어떨까?

내가 아는 한, 역시 양식파는 대부분이 지방가정재판소장, 고등재판소 판사장에 머물며 고등재판소 장관이 되는 사람은 드물고, 사무총장(최고재판소 사무총국의 최고위직인 이 자리는 최고재판소 장관의 말이라면 무엇이든 복종하고, 구두바닥이라도 핥을 수 있을 정도로 뼛속까지 사법관료·관리가 아니면 도저히 임무를 수행할 수 없다)은 절대로 될 수가 없으며, 최고재판소 판사가 되는 사람도 거의 없다고 해도 크게 틀리지 않을 것이다.

그럴 리 있겠는가 싶다면 혹시 변호사나 학자처럼 재판관과 친분이 있다면 자신이 가장 신뢰하고 있는 재판관이나 전 재판관을 골라 "사실은 어떻습니까? 저를 믿고 가르쳐주십시오"라고 말해보기 바란다. 대충 비슷한 대답이 돌아올 것이라 생각한다.

| 최고재판소 판사의 성격 유형별 분석 |

그렇다면 캐리어시스템 속에서, 재판관으로 시작해 최고재판소 판사가 된 사람들(통상 6명. 뒤에서 자세히 말하겠지만 지금은 학자를 거친 여성 판사가 있기 때문에 7명인데, 이것은 변칙이다)은 어떤 인물들일까?

과거에 이런 논의는 거의 이루어지지 않았으나 최고재판소 판사는 총리와 마찬가지로 공인 중의 공인인 이상 여러 가지 의견이나 평가를 받아야 한다는 것은 참으로 당연한 일이며, 오히려 민주제 아래에서는 그것이 바람직한 모습일 터이다(총리 등은 매우 엄격한 검증이나 비평을 받는 것이 일반적이다). 또 그와 같은 논의에 필요한 지식, 정보를 가진 학자는 별로 없을 것이라 생각되기에 굳이 논해보기로 하겠다.

최고재판소 판사는 대체로 네 가지 성격 유형으로 분류할 수 있을 것이다.

A유형: 인간미가 풍부하고 단점까지도 포함한 개성에 넘치는 인물(5%)

내가 직간접적으로 인품을 알고 있는 30명 중에는 딱 한 사람밖에 없으니 사실은 5%도 되지 않는다. 하지만 너무 까다롭게 분류하는 것도 안 좋겠다 싶어 우선은 5%로 해두겠다.

그분은 사무총국계 재판관이 아니다. 무슨 일에나 일정한 식견과 의견을 가지고 있으며, 인간적인 따스함도 가지고 있었다.

"원래대로 하면 최고재판소 조사관에게 결재제도가 있어서는 안 된다. 판사와 조사관이 잘 상의해서 가장 좋은 결론을 찾아나가면 된다."

"나는 재판관 출신 최고재판소 판사로 공인 중의 공인이니 내 의견은 판결 속에서만 주장하고 싶다. 거기에 남김없이 표현하고 싶다."

이것이 내가 그분에게서 들은 말이다.

물론 이 판사에 대해 "그 사람은 겉보기에는 부드러운 것 같지만 책사적인 측면도 있다. 또한 실수를 한 부하에게 매우 엄격한 처분을 내린 적이 있다"라고 평가하는 재판관도 있었다.

나는 이 평가에도 당연한 부분이 있다고 생각한다. 그러나 실무의 세계에서는 고상한 척하고만 있을 수도 없으며, 사실을 얘기하자면 진흙투성이 전장과도 같은 부분도 있고 어느 정도 타협도 필요하다. 그런 측면이 없다면 사무총국계도 아닌 인물이 최고재판소 판사가 될 수 있을 리 없다. 그리고 그분이 이런 사실을 전혀 모르고 있으리라고는 생각지 않는다. 다시 말해 '아픔'을 알고 있었던 것이라 생각된다.

B유형: 이반 일리치 타입(45%)

이반 일리치는 제5장에서 자세히 말하겠지만 톨스토이의 단편 <이반 일리치의 죽음>에 등장하는 주인공으로 제정 러시아

시절의 관료재판관이다. 이반 일리치 타입은 한마디로 말해서 성공을 했고 머리도 좋으나, 자신만의 가치관이나 인생관이 없는 사람들이다. 그들의 공통적인 특징은 악의 없는 무의식적인 자기 만족과 자만심, 조금 심하게 말하면 세련된 면이나 시원시원한 면이 없는 자기기만의 체계라고 할 수 있다.

이렇게 말하면 별로 좋지 않은 인물이라고 생각할지도 모르겠다. 하지만 관료나 공무원이란 대체로 이와 같은 사람인 경우가 많으며 이반 일리치는 관료 중에서도 꽤나 질이 좋은 유형이다. 옛 대장성 관료로서 행정관료를 대표하는 엘리트가 '노팬티 샤브샤브'라는 이상한 이름의 유흥업소에서 접대 받은 사건을 생각해 보기 바란다. 이반 일리치 타입은 그런 접대를 받을 만큼 허술하지는 않다. 다시 말해서 관료・공무원에게서 기대할 수 있는 유형 가운데서는 꽤나 높은 유형이라고 할 수 있을 것이다. 또 그렇기 때문에 톨스토이가 자신의 중요한 작품의 주인공으로 선택한 것이다.

이런 타입은 머리가 좋고 사람을 대하는 태도도 좋기 때문에 많은 사람들이 깜빡 속고 만다. 그를 따르는 사람들에게는 훌륭한 사람, 참으로 최고재판소 판사가 되기에 적합한 인물이라고 여기게 하며, 또 변호사나 언론인들 중 사려 깊지 않은 사람들에게도 그렇게 보이게 만든다. 그런 점에 있어서는 매우 뛰어나다. 또한 형식논리에 국한된 법률론에 대해서는 나름대로 논리정연하고 그럴 듯한 글도 쓸 줄 안다.

그러나 사려 깊은 재판관들 사이에서는 그다지 존경 받지 못하며 동기들 중에도 친구다운 친구가 없다. 교양은 빌려온 듯한 것, 꾸밈에 지나지 않기 때문에 그것을 꿰뚫어볼 줄 아는 사람 앞에서는 곧 들통이 나고 만다. 이런 타입 사람들의 미소에서는 인간적인 따사로움, 무게감 같은 것을 느낄 수 없다. 때로는 보기 좋은 의견을 개진하는 경우도 있으나 그 본질은 이기주의자다.

이런 타입의 사람들 가운데 이반 일리치처럼 병으로 일찍 세상을 뜨는 사람들이 적지 않은 것을 보면 톨스토이의 천재적 직감을 보여주는 것이라 생각한다(대낮부터 집무실에서 알코올을 손에서 놓지 못하게 된 최고재판소 판사도 있었다). 이런 타입의 사람들에게는 체면뿐만 아니라 양심도 있다. 단지 그 양심은 자신의 출세를 위한 치졸하고, 그리고 추한 행동을 뒤에서 가만히 지켜볼 뿐이다. 침묵하는 그 양심의 시선은 틀림없이 따가운 것이리라. 이런 타입의 재판관 가운데서 계층의 꼭대기까지 오르기도 전에 캐리어의 절반 정도쯤에서 좌절하는 사람이나 가슴 아프게도 자살을 하는 사람들이 나오는 것도 같은 이유에서라고 생각한다.

한편 B유형의 사람들 가운데는 어쩌면 A유형에 포함시켜도 좋을 만한 측면을 가진 인물들도 약간은 존재하기 때문에 A유형을 약간 늘려 잡고, B유형을 그만큼 줄이는 것도 어느 정도는 생각해 볼 수 있을 것이다. 하지만 A유형은 아무리 많아도 6~7퍼센트를 넘지는 않으리라 여겨진다.

C유형: 속물, 순전한 출세주의자(40%)

입을 더럽히고 싶은 생각은 별로 없기에 자세히는 쓰지 않겠지만 예를 들어 제1장에서 얘기한 세 명의 최고재판소 판사 등이 이런 타입일 것이다. 블루퍼지에 대해서 자랑스럽다는 듯 떠들어대고, 다른 사람들이 당황하고 있다는 사실조차 깨닫지 못하는 '호걸스러움'은 텔레비전 드라마나 청소년 만화에 등장하면 나름대로 '거물'로 비춰져 관객이나 독자를 매료시킬 수 있을지는 모르겠다.

앞에서 말한 야구치 고이치 장관의 심복 중 한 사람이 고등재판소에서 최고재판소 판사로 취임하게 되어 열린 송별파티에서 "나는 젊었을 때 저녁이면 작은 맥주 한 병 마시는 것을 유일한 즐거움으로 알고 살아왔는데 이렇게 최고재판소에 들어가게 돼서 정말 기쁘다"라고 인사하자 한 재판장이 "역시 고등재판소 장관이셔. 최고재판소 판사가 되신 분이 작은 맥주 한 병의 소소한 이야기를 장관 송별사로 하시다니. 정말 서민의 마음을 잊지 않으시는 분이셔"라고 그에 답하듯 말했다.

이 말에는 날카로운 비아냥거림과 악의가 담겨 있었으나 송별사를 한 사람은 그 사실을 전혀 깨닫지 못했다고 한다.

대체적으로 그런 종류의 사람들이다(C유형의 판사들에게는, 물론 더 추악하고 쳐다보기조차 싫은 측면도 많으나 그 부분은 독자들의 상상에 맡기겠다).

D유형: 분류 불가능형, 혹은 '괴물'?(10%)

너무나도 특이해서 앞의 유형 어디에도 속하지 않는 사람들이다. 3명을 예로 들겠다.

예를 들어 그 사람의 집무실은 언제나 쥐 죽은 듯 조용해서 찍소리조차 들리지 않으며, 사무총국의 과장 시절에는 부임 당시에는 건강했던 재판소 서기관이 얼마 지나지 않아 늘 미열에 시달리는 환자처럼 돼서 초췌한 몸으로 지방 재판소로 달아나버렸다는 일화를 몇 개씩 가지고 있는 인물. 나도 그분과 이야기를 나눈 적이 있는데 감정이라는 것이 조금도 느껴지지 않았다.

또 사무총국 과장 시절에는 판사보들이 동석한 공적인 자리에서 특별한 이유도 없이 "그만두고 싶은 사람은 언제든 그만둬도 상관없어. 그만두고 싶다는 사람을 소장이 달래가며 붙들고 있을 필요는 없으니까"라는 식으로 말하고, 병으로 세상을 떠난 재판관에 대해 참으로 야멸차게 얘기해서 동석한 젊은이들의 간담을 서늘하게 할 뿐 아니라 반발심까지 불러일으킨다(재판관에 대한 헌법상의 신분보장과도 관계가 있기 때문에 재판관이 공적인 자리에서 이런 말을 하는 것은 매우 드문 일이다). 그리고 국장시절, 선배에게 약간 반항하는 재판관에 대해 국장들이 통상적으로 취하는 은근한 고압적인 태도가 아니라 누가 봐도 명백하게 아랫사람을 짓누르는 듯한 태도와 말투로 명령하던 그런 사무총국계 엘리트의 전형이라 여겨지던 인물이 최고재판소 판사에 취임하자마자 돌변하여 민주파가 되어 여러 가지 훌륭한 의견을 개진한 예도 있다.

태도의 전향이나 사고방식의 변화는 누구에게나 있을 수 있는 일이다. 또한 그러한 사실을 자각하고만 있다면 반드시 비난할 만한 일도 아니다. 하지만 이 사람의 경우는 그 변화가 너무나도 극단적이었다는 점을 부인할 수 없다.

군벌軍閥의 우두머리가 민주제의 대통령이 되고, 강제수용소 소장이 평화주의자가 되는 등의 극단적인 변화는, 평범한 사람에게서는 상상조차 할 수 없는 일이다. 한 인간이 그런 양면성을 자신 안에 품고 있다면 인격이 붕괴되어버릴 것이다. 극단적인 양면성을 품고 있으면서도 그것을 견딘다는 것이 바로 '괴물'인 이유이다.

또한 사법행정을 통해서 재판관을 철저히 지배, 통제해서 '마치 무인지경을 달리듯'이라는 평을 듣고, '미스터 사법행정'이라는 별명까지 얻었던 야구치 고이치 최고재판소 장관도 앞의 유형 중 어디에도 해당하지 않으니 그런 의미에서는 D유형으로 분류할 수밖에 없는 인물일 것이다.

나는 최고재판소에서 주최한 한 파티에서 야구치 장관과 딱 한 번 이야기를 나눈 적이 있었다. 문득 앞을 보니 177.5센티인 나보다 상당히 큰 장관이 거기에 서 있었는데 내 옆에 있던 사람들은 눈치 빠르게 다른 곳으로 가버렸기에 그와 대화를 나누지 않을 수 없게 되었다.

"자네는 민사국 국원이라더군."

"네, 그렇습니다."

"그런가. …그런데 말이지 내 입장에서 보자면 국원 따위는 아무것도 아니야."

"네, …그러시겠죠."

이렇게 말하고 다행스럽게도 상대방이 먼저 다른 쪽으로 가버렸기에 거의 대화라고도 할 수 없는 짧은 내용이었지만, 어떤 의미에서는 이 짧고 일방적인 대화에 야구치 씨의 본바탕이 잘 드러나 있는 것이 아닐까 하는 생각이 든다.

사실 야구치 씨에 대해서는 자유로운 측면과 앞서가는 측면도 있었다는 등의 긍정적인 평가도 있다. 그러나 그가 취한 행동, 그가 한 말, 인간으로서의 태도를 종합적으로 살펴보면 그와 같은 평가를 내리기는 어렵다고 나는 생각한다. 또한 사법이나 사회에 관한 그의 비전, 혹은 인간관에 대해서도 기본적으로는 일그러진 부분이 많다는 사실을 부정하기는 어렵지 않을까 싶다.

| 좋은 재판관은 최고재판소에 들어갈 수 없다? |

이상으로 최고재판소 판사의 성격 유형에 대해서 살펴보았다. 덧붙여두겠는데 학자가 된 지도 거의 2년, 지금의 내게 재판관 출신 최고재판소 판사에 대한 특별한 악감정은 없다. 기본적으로 멀리 떨어진 곳에 있는 사람들로, 명부를 들춰가며 가능한 한 객관적인 분석을 했다고 생각한다.

물론 앞서 이야기한 것처럼 네 가지 유형에 속하는 사람들의 비율은 약간 유동적이라고 생각한다. 하지만 A와 D는 약간 명, 나머지는 B와 C가 대부분이라는 분포도 자체는 대체적으로 맞지 않을까 싶다.

한편 최고재판소 판사는 특별한 관계나 이유로 그 자리에 오른 사람을 제외하면 분명 일반적으로 능력이 높다. 그러나 사무총국계 사람들 가운데는 재판관으로서의 일반적인 능력이 충분하지 않은 사람도 존재할 가능성이 있다. 예를 들어 사무총국 근무 기간이 매우 길었던 한 인물에 대해 다음과 같은 말을 들은 적이 있었다. 그에게 호의적인 편이었던 사람의 평이었으니 틀림없으리라 생각한다.

"○○씨의 판결문이 짧았다고 사람들은 말하지만, 오히려 판결문을 제대로 쓰지 못했기 때문이라고 하는 편이 옳을 거야. 그 사람이 쓴 초안을 본 적이 있었는데 빈말로라도 칭찬은 못 하겠더라고."

그런데 예를 들어서 보수적인 법률가 중에는 내 분석에 숨겨진 악의가 있다고 생각할 사람이 있을지도 모르겠다.

하지만 이런 것도 생각해봤으면 하는 바람이다.

첫 번째로 재판관 가운데 지적 능력이 상당히 뛰어난 사람이 일정 비율로 존재하지만 최고재판소 판사가 된 사람들의 능력이 결정적으로 높다고는 말할 수 없다는 사실.

두 번째로 캐리어시스템 속에서 최고재판소 판사가 된 사람들은 극소수를 제외하면 어쨌든 어느 정도 타인을 짓밟아가며 앞뒤

가리지 않고 출세를 목표로 삼아 그 자리에 오른 사람들로, 재판관 본연의 모습과는 다른 행동을 해온 예가 많다는 사실.

세 번째로 그들도 최고재판소 판사가 된 후로는 나름대로 '좋은 판결'을 쓰고 혹은 '그럴 듯한 의견'을 쓸지도 모르겠지만(특히 B유형, D유형에 속하는 사람들), 그들보다 그 자리에 더 어울리는 사람들이 있는 경우가 많으며, 또 그 사람들이 최고재판소 판사가 되었다면 훨씬 더 좋은 판결을 내렸을 가능성이 높다는 사실이다.

내가 만난 최고재판소 판사 중에서 가장 존경했던 분은 앞서 말한 변호사 출신 오노 마사오 씨였다. 오노 씨를 생각하면 지금도 그리우며, 가능하다면 다시 한 번 만나서 이야기를 나누고 싶다.

하지만 재판관 출신 최고재판소 판사 중에는 조금이나마 그런 감정을 품게 하는 인물은 거의 찾아볼 수 없다.

최근의 최고재판소 판결은 민주적이 되었다는 평가도 있다. 하지만 나는 그렇게 생각하지 않는다. 제4장에서도 얘기하겠지만, 사회가 변화한 만큼 최고재판소의 판례는 변화하지 못했으며 특히 통치와 지배의 근간에 관련된 일에 대해서는 요지부동이고, 전체적으로 봐도 기껏해야 약간의 미세한 조정을 행한 것에 불과하다고 말하는 편이 정확할 것이다.

또한 그 미미한 변화도 수많은 재판관들의 정신적 시체 더미 위에 세워진 것은 아닐지?

한편 최근의 최고재판소 판결이 민주적이 되었다는 평가가 나오게 된 원인에 대해 생각해보면, 앞서 말한 각 유형과 상관없이 예전에 비해서 겉모습과 숨겨진 속내를 교묘하게 활용하는 사람, 어떻게 행동해야 외부의 평가가 좋아지는지를 알고 있는 사람, 그리고 시대의 흐름에 민감하게 대처하는 사람들이 늘었기 때문이라고 생각한다. '마침내 가장 높은 자리에까지 올랐으니 앞으로는 약간 멋있어 보이는 의견을 쓰기도 하고 그와 같은 발언을 해서 일반의 인기도 얻고 가능하다면 명성도 얻고 싶다'는 것이 그러한 인물들 내면에 숨겨진 목소리가 아닐까 생각한다. 여기서 '일반의 인기'라는 것은 일반 세상 사람들뿐만 아니라 법조계, 실무가의 세계까지도 포함한 말이다.

캐리어시스템이 법조일원제도로 옮겨가면, 거기까지는 가지 않더라도 참된 최고재판소 판사에 어울리는 인물들이 재판관을 포함한 모든 분야에서 선임된다면, 최고재판소의 판결뿐만 아니라 하급심의 판결도 그 모습이 조금은 바뀔 것이다.

하지만 일본의 계층체계 일변도의 관료적 캐리어시스템 속에서 능력, 인격, 식견, 넓은 안목과 비전 등 여러 면에서 뛰어난 인재는 거의 자랄 수 없다. 또한 설령 그런 인물이 있다 하더라도 그런 인물이 최고재판소 판사가 되는 것은, 성경의 말을 빌리자면 '낙타가 바늘구멍을 통과하는 것'만큼이나 어려운 일이다.

| 재판원제도 도입의 내막 |

여기서 최근 재판소 상층부의 부패를 보여주는 하나의 전형적인 사례로 재판원제도裁判員制度 도입을 둘러싼 진실과 그 내막에 대해 기술해보기로 하겠다.

제4장에서도 얘기하겠지만 나는 재판원제도에 포함된 시민 사법참여의 의미와 그에 따른 형사재판 제도의 개선, 억울한 죄를 방지하기 위한 기능 등과 같은 장점에 대해서는 좋은 평가를 내리면서도, 이와 같은 참된 목적을 이룰 수 있도록 이 제도를 개선해 나가야 한다고 생각한다.

하지만 재판원제도에 위와 같은 의미가 있다는 사실과, 그 도입에 재판소 상층부의 옳지 않은 의도가 깔려 있다는 사실은 별개의 문제다. 민주국가인 이상 재판부의 이 같은 옳지 못한 의도에 대해 국민, 시민들이 알 권리가 있다고 생각한다. 이러한 과정을 통해 생겨났기 때문에 재판원제도에는 몇몇 중대한 결함, 결점도 포함되어 있다. 그것을 개선해 나가기 위해서는 문제에 대한 정확한 인식이 반드시 필요하다고 생각한다.

재판원제도 도입에 대해 처음에는 재판관들 사이에서 소극적인 의견이 매우 강했다. 그런데 최고재판소 사무총국이 찬성으로 방향을 전환하자 분위기가 완전히 바뀌었다. 최고재판소 장관(임기 2008~2014)인 다케사키 히로노부竹崎博允 씨 자신은 예전에는 배심제를 포함한 이와 같은 형태의 시민의 사법 참여에 대해 매우 소극적이었으나, 재판원제도에 대해서는 어느 시점에서 180도로 방향을 전환, 전향을 했다고 한다.

그리고 지금은 이 제도를 드러내놓고 비판하기라도 하면 재판소에는 도저히 발 붙일 수 없는 분위기가 되었다. 이처럼 암묵적인 통제가 강력하게 작용하는 면에 있어서는 변호사협회나 대학과는 비교도 되지 않을 정도이다. 전체주의 사회에서의 통제와 자유주의사회에서의 통제만큼이나 큰 차이가 있다.

다케사키 장관을 포함한 당시의 최고재판소 사무총국의 상층부 재판관들이 갑자기 태도를 바꿔 재판원제도 도입을 찬성하기 시작한 이유에 대해, 일반적으로는 주로 당시 제도 도입을 위한 국회 쪽의 압력, 변호사협회와 재계로부터의 그와 같은 압력 등을 인식하고 재판소가 거기에 끝까지 맞설 수 없을 것이라 판단했기 때문인 것으로 알려져 있다.

그러나 이 문제에 관해서는 또 다른 유력한 견해가 있다. 그 견해란 '재판원제도 도입에 앞에서 말한 것 같은 배경이 있었던 것은 사실이지만, 그 실질적인 목적은 상층부의 민사계 재판관들에 비해서 오래도록 열세에 있던 형사계 재판관들이 다시 기반을 강화하고 동시에 인사권까지도 장악해야겠다고 생각한 데 있다'는 것이다. 사실 이것은 유력한 견해라기보다 대외적으로는 드러내놓지 않는 '공공연한 비밀'이라고 하는 편이 옳을 것이다.

나 역시 선배 재판관들이 그와 같은 말을 하는 것을 여러 차례 보아왔으며, 형사계 고위 재판관들이 "사무총국이 재판원제도 찬성으로 방향을 전환해준 덕분에 다시는 오지 않을 줄 알았던 형사의 시대가 다시 찾아왔다"는 대화를 나누는 것을 여러 차례 들었기 때문이다.

| 형사계 재판관의 문제점과 인기가 떨어진 이유 |

일본 재판관의 문제점이 전형적으로 드러나고 있는 형사계 재판관의 존재에 대해, 그리고 그에 관련해 일본 형사재판의 문제점에 대한 이해를 돕기 위해 조금 더 자세히 설명하도록 하겠다.

재판관은 주로 담당해온 일에 따라서 민사계, 형사계, 가정재판계로 크게 나뉜다(물론 가정재판계의 숫자는 얼마 되지 않는다). 그런데 옛날에는 형사계 재판관의 수도 많았지만 재판 업무의 절대량에 있어서 민사가 압도적으로 많아지게 되었고, 판사도 형사계가 극히 적어짐에 따라서(이러한 사실은 판례집의 목차를 보면 한눈에 알아볼 수 있다), 예전에는 민사계에 필적하는 세력이었던 형사계 재판관의 수가 점점 줄어들었다. 예를 들어 나와 동기(31기) 중에서 도쿄 지방재판소 형사부 초임을 시작으로 사무총국 형사국, 형사계 최고재판소 조사관, 도쿄 지방재판소 형사부 재판장 등의 요직까지도 경험한 순수한 형사계 엘리트는 전체 약 60명 중 겨우 1~2명 정도로까지 떨어졌다.

여기에는 그럴 만한 이유가 있다. 예를 들어 미국 재판소의 경우 형사재판에 관해서는 유죄·무죄의 판단을 배심원의 평결에 맡기고 재판관은 관여하지 않는 배심원제도가 원칙으로 되어 있어서 형사재판 전문가는 그다지 많지 않다(형사사건의 법정에서 배심원에게 법률적인 설명, 즉 설시說示를 하는 것이 재판관의 주요 업무이다). 내가 유학했던 시애틀 주 지방재판소의 형사재판에서는, 재판관들이 순서대로 돌아가며 일을 맡는데 통상 재판관의 20퍼센트 정도가 담당하고 있었다. 미국의 중대 형사범죄가 일본과는 비교도 안 될 정도로 많다는 사실을 생각해보기 바란다. 그런 미국조차 이런 실정이다. 다시 말해 요즘의 형사재판은 가정재판소의 사무처럼 오로지 그것만을 전담하는 재판관을 고려하는 것은 도쿄, 오사카처럼 큰 지방재판소만으로도 충분한(통상적 재판소 수준에 대해 얘기하면, 특별히 형사전문 재판관을 양성하지 않아도 관료재판관 중에서 적절히 담당해 나가는 것으로 충분한) 일이 된 것이다.

사실 내가 판사가 된 무렵의 일이라 생각하는데, 일시적으로 앞으로는 형사전문 재판관은 양성하지 않고 앞에서 말한 것처럼 '모든 재판관이 적절하게 형사 재판도 담당한다'라는 방법으로 캐리어시스템을 운영해 나가겠다는 방침을 표명한 적이 있었다. 그런데 이 방침이 얼마 안 가서 중단된 것은 아마도 형사계 재판관들의 반대가 있었기 때문이리라. 실제로 체포영장, 구류영장, 수색차압 허가장 등의 발부와 관련된 영장사무에 대해서는 옛날과 달리 지금은 모든 재판관이 평등에 가까운 형태로 담당하고 있다.

한편 이 점에 대해 형사계 재판관 층이 얇아지면 시민생활의 안전에 위협받지 않을까 걱정하는 사람이 있을지도 모르겠으나 결코 그렇지 않다는 사실은 여러 외국의 예를 봐도 알 수 있다.

형사계 전문 재판관이 도쿄나 오사카처럼 큰 재판소에는 일정 숫자가 필요하다는 사실까지 전부 부정하는 것은 아니나, 그것은 가정재판소 재판관이나 지적재산知的財産 사건 담당 재판관에 대해서도 마찬가지인 정도의 의미에 지나지 않는다. 다시 말해 그렇게 많은 인원수가 필요하지 않다.

오히려 형사계 전문 재판관에게는 검찰관과의 심리적 거리가 가까워지기 쉽고, 검찰에 유리한 선입견을 갖게 되는 경향이 있는 공안사건 등의 담당이 많아지기 때문에 특히 그런 사건에 대해서는 선입견을 품기 쉽다. 그래서 피의자, 피고인에 대한 편견이 강해지는(피고인에 대해 얘기할 때 '녀석들', '그 녀석들'과 같은 말을 쓰는 재판관을 여럿 보았다) 등, 국민·시민의 인권을 지킨다는 관점에서 보면 오히려 부정적인 요소가 생길 가능성이 있다는 사실도 생각해둘 필요가 있다.

이런 문제점이 억울한 원죄冤罪 재판으로 이어지는 것이다(피의자란 수사 대상이 되어 있기는 하나 아직 공소를 제기하지 않은 자이고, 피고인은 소송을 제기당한 자를 말한다. 아직 형사계 재판관 중에는 매우 온후하고 관용적이고 인간성에 대한 이해심도 깊은 재판관도 존재하나, 내가 아는 한 그 숫자는 매우 적다).

또한 형사재판은 민사재판에 비해 인기가 없는데, 특히 젊은 재판관 중에는 희망자가 거의 없다는 상황도 염두에 둘 필요가 있다.

여기에는 몇 가지 이유가 있다. 첫 번째로 일본의 형사사법시스템에서 유·무죄를 실질적으로 가리는 것은 사실 검찰관이며, 재판관은 그것을 심사하는 역할에 지나지 않는다는 사실이다(따라서 일본의 형사재판에서 무죄율은 매우 낮다). 이는 일본 형사사법의 특징으로 외국의 학자들이 반드시 언급하는 부분이다.

두 번째로, 사건의 유형이 아무래도 제한적인데 예를 들면 단독사건, 즉 재판관 혼자 재판을 진행하는 사건을 살펴보면 비교적 단순한 교통사고 사건이나 각성제 관련사건 등처럼 대부분 기소 사실에 이론異論이 없는 사건들이다. 이들 법정은 하루 종일 계속 열리는 경우가 흔히 있고, 또 이와 같은 사건에서는 틀에 박힌 증인 취조가 많아서 일이 단조로워지기 쉽다는 점이다.

세 번째로 피고인이 기소 사실을 인정해도 부인했을 때와 마찬가지로 증거 조사를 하는 등 절차에 새로운 것이 없다는 점도 있다.

이러한 방법은 애초부터 비합리적인 것인데, 일본의 경우 체포, 구류 시에 피의자가 변호사와 접할 기회가 매우 제한되어 있기 때문에 피고인이 사실을 전부 인정해도 정말 틀림이 없는지를 재판소가 심사할 수밖에 없다는 점, 그리고 형사재판에서의 온정주의, 부권적父權的 후견주의, 오시라스 재판(お白洲裁判, 에도 시대의 법정으로, 출정자의 신분에 따라 앉는 자리가 달랐다. _옮긴이)의 전통이 관계되어 있다고 나는 생각한다.

이런 이유 때문에 비록 바쁘기는 하지만 민사 쪽이 재미있고 보람이 있다고 생각하는 젊은이가 많아진 것이다(일반적으로 형사계 재판관이 민사계 재판관보다 시간적으로 여유가 있다는 점은 예전부터 잘 알려진 사실이어서, 형사계로 사람을 끌어들일 때의 상투어로 쓰이기도 했다).

이와 같은 상황에서는 능력 있는 사람을 형사계 재판관으로 끌어들이기 어렵다. 이러한 사정은 가정재판계 재판관도 마찬가지인데 차라리 민사계, 형사계, 가정재판계와 같은 구분을 두지 않고 모든 재판관들이 돌아가면서 민사, 형사, 가사소년 사건을 담당하도록 하는 것이 미래를 위해서 바람직하고 건전한 방향이 되었을 것이다.

| 형사계 재판관의 역습과 대규모 정실인사 |

하지만 재판원제도 도입 결정에 의해 이 바람직한 방향에 제동이 걸리는 결과를 맞게 되었다. 그로 인해서 형사계 재판관의 입지가 다시 강화된 것이다. 다시 말해 시민의 사법참여라는 긍정적 이미지를 가진 제도가 새로이 시행됨에 따라 형사재판이 각광을 받게 됨과 동시에 그와 같은 일에 종사한다는 이유로 형사계 재판관과 재판소 서기관을 증원하고 전문적으로 고정하는 것이 가능해진 것이다.

특히 캐리어시스템 속에서의 승진 측면에서도 그것이 눈에 띄게 두드러졌다.

그 사실을 뒷받침하기라도 하듯 다케사키 씨는 14명의 선배 최고재판소 판사를 추월하여 도쿄 고등재판소 장관에서 바로 최고재판소 장관이 되는 매우 이례적인 '출세'를 했다(이처럼 최고재판소 판사를 거치지 않고 최고재판소 장관이 되는 인사는 극히 이례적이어서, 제3대 장관인 요코타 기사부로 이후 48년 만이고, 캐리어시스템 출신 재판관으로서는 처음이다).

또한 재판원제도 도입 결정 이후, 사법행정 요직의 상당 부분을 숫자적으로 민사계보다 훨씬 더 적은 형사계 재판관들이 차지하는 이례적인 사태가 벌어졌다.

우선 다음에 서술할 내용에 대해 간략히 배경설명을 한다면, 2001년 6월 사법제도 개혁심의회 의견서 제출, 2004년 5월 이에 기초한 재판원법(재판원이 참가하는 형사재판에 관한 법률) 성립, 그리고 재판원제도 도입의 중심인물이었던 다케사키 씨의 경력, 즉 1997~2002년 경리국장, 2002~2006년 사무총장, 2년 동안의 고등재판소 장관을 거친 후 2008년 이후 최고재판소 장관이 된 경력을 밝혀둔다.

인터넷으로 조사를 해보니 이 기간 동안(2000년대 무렵 이후)의 최고재판소 관련 상층부 인사는 다음과 같았다. 단, 민사국이나 형사국처럼 거기에 속하는 재판관의 계열이 정해지지 않은 직위는 제외했다. 그리고 정보정책과장에 대한 데이터는 존재하지 않았다(이는 역사가 깊지 않으며, 비교적 중요성이 덜한 자리다).

각 직위에 있어서 형사계 우위 경향은 다음과 같다.

최고재판소 장관은 2006년 이후 2명 연속으로 형사계(처음 있는 일. 그 이전의 최고재판소 장관 15명 중 재판관 출신자는 11명인데, 그 중 형사계는 2명뿐이었다).

최고재판소 판사는 2000년 이후 최고재판소에 들어간 14명 중 5명이 형사계(앞서 밝힌 2명의 최고재판소 장관을 포함).

사무총장 2000~2009년까지와 2012년 이후. 인사국장 2007~2011년. 경리국장 1997~2006년. 총무국장 2009~2013년. 비서과장 겸 홍보과장 2002~2010년까지와 2012년 이후. 전부 형사계(한편 2000년 이후의 형사계 사무총장은 현직자를 제외하고 전원이 그 후에 최고재판소 판사가 되었다).

최고재판소 수석조사관 2008~2012년까지 형사계(과거 형사계는 1명뿐. 37년 만이다).

사법연수소장 1999~2001년, 2007~2010년, 2011~2013년까지 형사계.

그리고 고등재판소 장관이나 대도시 지방가정재판소장의 인사 역시 형사계를 우선하는 경향이 눈에 띈다.

이상과 같은데 이 사람들이 소속된 기期를 살펴보면 아마도 내가 속한 기와 별 차이가 없는데, 순수한 형사계 엘리트는 1기에 2~3명 정도라는 사실을 생각해보기 바란다. 소수파인 형사계가 차지하는 비율이 얼마나 높은지 알 수 있을 것이다.

특히 사무총장과 비서과장(홍보과장 겸직)은 극단적이라고까지 할 수 있는데 '상의하달 시스템의 핵심이라 할 수 있는 이 두 자리는 형사계에서 틀어쥐겠다'는 방침이 노골적으로 드러나 있다. 사무총국 의사결정의 핵심이라 할 수 있는 사무총국회의의 주재자가 사무총장이고, 마찬가지로 심사실審査室회의('심사실'이라는 조직이 현실적으로 사무총국에 존재하는 것은 아니다) 의장이 비서과장이라는 사실(신도 무네유키 ≪사법관료—재판소의 권력자들≫ 52쪽)을 생각할 필요가 있으리라.

한편 이 기간 동안에 사무총국은 그 외의 자리까지도 포함해서 거의 모든 자리를 형사계뿐만 아니라 다케사키 씨와 관계가 깊은 재판관들이 차지했다.

이와 같은 상황을 개탄한 전 재판관의 말을 소개하겠다.

"다케사키 씨가 처음에는 막후의 주역으로, 나중에는 최고재판소 장관으로서 주도한 2000년대 이후의 인사는 참으로 전대미문이자, 언어도단이다. 야구치 (고이치) 씨는 그나마 자제하는 면이 있었기에 이처럼 노골적이고 극단적으로 행하지는 않았다. 이와 같은 대규모 정실인사가 하급심 재판관에게 끼친 악영향은 헤아릴 수 없을 정도다."

내가 지금의 캐리어시스템은 이미 자정작용을 기대할 수 없는 상황이 되었다고 분석한 근거 중 하나가 바로 이러한 사태 때문이다. 지금의 재판소는 이러한 '독'이 전신에 퍼져 있는 상태가 되어버리고 말았다.

이는 결코 다케사키 장관(임기는 2014년 7월까지) 한 사람만의 문제가 아니다. 근본적이고 근원적인 개혁이 이루어지지 않는 한, 그가 퇴임한 후에도 그리고 형사계 재판관에 의한 인사권

장악의 한 시기가 끝난 뒤에도 여전히 같은 경향이 계속될 가능성이 매우 높다고 생각되기 때문이다. 이 점에 대해서는 예를 들어 지금의 최고재판소 사무총국 인사에 관한 방침이 지방가정재판소장 수준보다 아래인, 지방재판소의 재판장과 같은 수준에까지 그 영향력을 행사하고 있다는 사실을 생각해야 할 것이다. 여기에 비하면 앞에서 전 재판관이 개탄한 것처럼 야구치 체제는 약해도 한참 약한 것이었다.

그런데 이런 점에 대해 야구치 장관 시절에는 지방가정재판소장, 고등재판소 재판장급 이상의 재판관 중에도 면종복배面從腹背의 자세를 취한 사람이 상당히 있었기에 야구치 장관도 이를 고려하지 않을 수 없었다는 사정도 있다. 적어도 지금처럼 고분고분하거나, 악착같이, 혹은 기뻐하면서 최고재판소 장관이나 최고재판소 사무총국의 의향에 따라, 오히려 명령이 떨어지기도 전에 앞 다투어 꼬리를 흔들고 그 '기대'에 부응하려고 하는 풍조까지는 없었다. 그런 의미에서 보면, 참으로 안타까운 일이기는 하지만 위아래 할 것 없이 당시가 지금보다는 그나마 나았다고 할 수밖에 없을 것이다.

이 책의 곳곳에서 말하는 것처럼 2000년대 이후 재판관 전체의 도덕성, 의욕, 능력의 저하가 진행되고 있다고 생각되는데, 그 근본 원인 중 하나가 이와 같은 상층부의 부패에 있다는 점만은 틀림없는 사실일 듯하다.

그런데 형사계를 지망하는 재판관이 극히 적었던 때에도 인사에 있어서 상대적으로 형사계가 유리한 경향은 있었다. 이는 형사계 재판관을 확보하기 위한 것으로, 예를 들어 판사보 유학에 있어서도 형사 쪽을 상당히 유리하게 하거나, 또는 원칙대로라면 차기 발령에서 멀리로 전근을 가야 할 재판관에게 형사계로 옮기는 조건으로 자택에서 통근할 수 있는 장소에서의 근무를 계속할 수 있게 하는 등의 인사가 그렇다. 후자는 능력이 떨어지는 재판관의 경우에 많이 볼 수 있었다.

그런데 재판원제도 도입 결정 후에는 보다 분명한 형태로, 예를 들어 형사계를 인사상 유리하게 취급하거나, 혹은 민사계에서 일해온 비교적 우수한 사람을 본인의 의향도 묻지 않고 형사계로 옮기게 하는 등의 형태가 되었다고 한다.

재판원제도 도입이 형사재판에 관한 시민의 사법참여 실현 등의 목적과는 동떨어진(제4장에서 논한 대로 그렇다면 선택제 배심원제도를 실현해 나가는 것이 훨씬 더 적절하다고 생각한다), 권력투쟁에서 일부 재판관이 승리하기 위한 수단이었다고 한다면, 그에 따라서 재판원으로 혹은 납세자로 무거운 부담을 지게 된 국민과 시민, 즉 당신은 그런 의미에서 이용당하고 속은 것이 아닌가?

| 어느 학자도 인정하지 않는 '학자 출신' 최고재판소 판사 |

다케사키 장관 취임에 얽힌 정황을 살펴보았으니, 이와 관련해

현 재판소 인사 실태의 문제점을 보여주는 한 전형적인 사례로 다케사키 장관 시절에 행해진 최고재판소 판사 인사에 대해서도 언급해보기로 하겠다.

최고재판소 판사의 출신에 따른 기본 틀은 어느 정도 고정되어 있어서 요즘에는 재판관 6명, 변호사 4명, 검찰관 2명, 행정관료 2명(이 가운데 1명은 외교관인 경우가 많다), 법학자 1명으로 구성된다.

그런데 다케사키 장관 시대에 들어서 최고재판소 판사 중 이른바 '학자 출신' 자리에 전 재판관인 여성 학자가 임명되었다. 그런데 이 인사에 대해 학계에서 비판이나 당혹스럽다는 목소리가 높이 일었으며, 우수한 학자일수록 오히려 더 강한 어조로 비판하는 경우가 많았다. 예를 들어 "나는 지금까지 그녀의 이름조차 들어본 적이 없으며, 학자라고도 생각지 않는다", "지금의 최고재판소에 사실상 '학자 출신'은 존재하지 않는다", "그녀는 자신의 업적을 잘 생각해서 사퇴하는 편이 옳았다고 생각한다"는 등의 매우 냉엄한 것이 많았고, 반면 긍정적인 평가는 여성 학자들까지도 포함해서 적어도 내가 들은 바로는 하나도 없었다.

다시 말해 비판의 요지는 '지금까지 학자 출신 최고재판소 판사는 예외 없이 최고의 업적을 쌓아온 학계의 중진이었다. 그에 비추어 이분의 학자로서의 업적은 과연 어느 정도 평가를 받았는지, 의문스럽다'는 것이었다. 그런데 학계에서는 그녀의 이름조차 거의 알려지지 않았으며, 재판관 겸 연구자였던 나조차도 그분에 대해서는 가정재판계 재판관 중 한 명이었다는 정도의 기억밖에 없고, 재판관을 그만둔 뒤 변호사, 뒤이어 학자가 되었다는 사실조차 모르고 있었다.

'이분의 학자로서의 업적이 아직 불충분하지 않을까?'하는 학자들의 느낌이 틀렸다고만 할 수 없는 부분이 분명 있다. 그런 의미에서 이것은 앞서 말한 사법행정 부서의 인사와 비교해도 더욱 이례적인, 이해할 수 없는 인선이었다. 학자 중에는 무슨 일이 있어도 여성을 등용하고 싶었던 것이 이유가 아닐까 추측하는 사람도 있었다. 하지만 이에 대해서는 '여성 학자 가운데서도 최고재판소 판사에 좀 더 적임자가 많지 않은가'하는 반론이 있었다.

나 자신도 이 인사에 대해서 늘 이상하다고 생각하고 있었지만, 재판원제도 도입 결정 이후의 이해할 수 없는 인사에는 이미 익숙해져 있었기에 깊이 생각하지 않았었다.

그런데 그 후, 전 재판관이었던 선배와 이 인사에 대해 대화를 나누다가 그녀가 최고재판소 판사로 임명된 데에는 그 나름대로의 이유가 있지 않을까 하는 견해가 있다는 사실을 알게 되었다.

그 견해란 다음과 같은 것이었다.

"학자 출신 최고재판소 판사 자리에 관례를 깨고 종전에는 생각할 수조차 없었던 인사를 단행한 데에는 어떤 특별한 이유가 있을 테지. 이 인사가 행해진 이유로 가장 가능성 높은 설명으로는, 학자 출신 재판관은 논리정연한 반대 의견을 쓰는 경우가 많고,

다른 판사들에 대한 영향력도 큰데, 그렇지 않은 인물을 앉힌다면 재판소 당국으로서는 유리한 인사가 아닐까?

구체적인 예를 들면, 반드시 제기될 것임에 틀림없는 재판원제도 위헌 소송에 대해 전원일치로 합헌 판결을 얻을 수 있다는 점도 생각해볼 수 있어. 지금의 최고재판소 판사 중에 재판원제도에 대해서 위헌이라는 소수 의견을 낼 만한 사람이 있다고 생각하나? 있다면 변호사 출신인데 그들은 일본 변호사연합회가 재판원제도를 지지하는 입장이었던 만큼 앞장서서 반대 의견을 내지는 못할 거야. 그렇다면 유일하게 눈에 거슬리는 것은 학자 출신 최고재판소 판사야. 그리고 그 학자가 유력한 학자일수록 변호사 출신을 비롯해 다른 판사들의 의견도 흔들릴 가능성이 있어. 그런 점에서 그 사람은 재판소 당국의 입장에서 보면 매우 안전하고 유리한 재판관이 아닐까?"

이 견해에 대해서는 어쩌면 너무 깊이 생각한 것 아니냐고 말할 사람이 있을지도 모르겠다. 하지만 이 견해는 약간은 이상하다 싶을 정도로 이례적이어서, 학자 및 법률가들을 납득시킬 만한 설명을 하기가 쉽지 않은 인사에 대한 이유로써, 실무가 겸 연구자였던 내게도 유일하게 납득이 가는 설명이었다는 것만은 틀림없는 사실이다. 내가 그 후에 얘기를 나누었던 몇몇 실무가(재판관과 변호사)와 학자들도 같은 의견이었다.

만약 그렇다면 당시의, 그리고 지금의 사법행정 상층부들에게 있어서 학계 따위는 2차적인, 보다 직설적으로 말하면 아무래도 상관없는 존재라는 것이다. 즉 학계의 반응 따위는 전혀 신경 쓸 필요조차 없으며, 학자 출신 최고재판소 판사라는, 국민·시민의 권리와 깊은 관련이 있는 매우 중요한 인사에 대해서도 겉으로 드러낼 수 없는 목적을 앞세운 셈이다. 그리고 지금의 재판소 상황을 전제로 한다면 그런 사태는 충분히 가능한 일이 아닐까? 그렇게 생각할 수밖에 없다(학자 출신 최고재판소 판사에게는 판결의 이론적인 면을 뒷받침해야 한다는 역할이 있는데, 최근 대법정의 판단이 학자들로부터 이론적인 면의 취약함을 지적받는 경우가 많아졌다).

그런데 재판원제도에 대해서는 그 후 실제 전원일치로 합헌결정이 나왔다(2011년 11월 16일, 최고재판소 대법정 판결).

이 판결의 타당성 여부와는 상관없이, 제1장에서 얘기한 다나카 고타로 제2대 최고재판소 장관의 "(스나가와 사건에 관한 최고재판소의 심의에서는) 실질적으로 전원일치를 도출하여 여론을 흔드는 원인이 되는 소수의견을 회피하는 방법으로 (평의가) 진행되기를 바란다"는 말을 생각해봐야 한다는 점이다. 재판원제도 위헌 소송에 관한 평의에 대해서도 '전원일치의 합헌판결을 도출하여 여론을 흔드는 원인이 되는 소수 의견을 회피하기 위한 방법으로 평의가 진행되기를 바란' 인물 내지 사람들이 있지 않았을까? 또 만약 있었다면 그건 대체 누구였을까? 이 점을 생각해야 한다.

어쨌든 재판원제도 도입 결정 이후, 현장의 소장들로부터 제도로의 러브콜이 여기저기서 들려온 것만은 틀림없는 사실이다. 이 시점을 경계로 하여 사법행정과 재판관 세계의 본연의 모습은 야구치 고이치 체제 시절 이상으로 경직되고 획일적인 것이 되어 갔다. 다시 말해 이론異論을 용납하지 않는 일종의 전체주의 체제로, 나처럼 단순한 자유주의자에 지나지 않는 사람조차 만약 어떤 일에 대해서 공식 견해와 다른 의견을 품는다면 그는 더 이상 설 자리가 없는 체제인 것이다.

| 제3장 |

'감옥' 속의 재판관들

정신적 '수용소 군도'의 수감자들

| 사무총국 중심체제—상명하복, 상의하달의 히에라르키 |

일본 재판소의 가장 눈에 띄는 특징은 무엇일까? 그것은 틀림없이 사무총국 중심체제와 거기에 기반을 둔 상명하복, 상의하달의 피라미드형 히에라르키일 것이다.

우선 이 피라미드형 히에라르키의 실태에 대해 간단히 설명해 보겠다.

정점에는 최고재판소 장관과 14명의 최고재판소 판사가 있다(쌍방을 아울러 부를 때는 최고재판소 재판관이라고 하지만, 이 책에서는 알기 쉽게 '최고재판소 판사'라는 말을 사용하도록 하겠다). 다음이 고등재판소 장관. 전국에 8명이 있는데 서열은 도쿄, 오사카, 나고야, 히로시마, 후쿠오카, 센다이, 삿포로, 다카마쓰 순이라 생각한다. 한편 도쿄, 오사카의 고등재판소 장관은 그 밖의 고등재판소 장관보다 최고재판소에 들어가는 경우가 많다. 다음이 도쿄,

오사카 등 대도시의 지방가정재판소장(같은 지방의 지방재판소는 가정재판소보다 격이 높다. 한편 재판소법에 의하면 최고재판소 이외 재판소의 재판관은 고등재판소 장관, 판사, 판사보, 간이재판소 판사뿐이며 지방가정재판소장은 사법행정 사무를 총괄하는 사람에 불과하다)과 도쿄 고등재판소 재판장, 그 바로 뒤를 이어서 오사카 고등재판소 재판장일 것이다. 이 부분에서부터 서열은 눈에 띄게 여러 갈래로 나뉘는데, 솔직히 말해 인사에 그다지 흥미가 없었던 나는 자세한 내용을 잘 알지 못한다. 물론 시대에 따라서 어느 정도 변동은 있을 테지만, 원칙적으로는 일정하고 엄연하고 미세한 서열이 틀림없이 존재한다. 어쨌든 다음은 도쿄와 오사카 이외의 지방가정재판소장과 도쿄・오사카 이외의 고등재판소 재판장. 그리고 고등재판소 지부장과 지방가정재판소 대지부의 지부장. 다음이 지방가정재판소 재판장과 고등재판소의 우배석. 그 서열에는 지방에 따라 상당히 큰 차이가 있다. 다음이 고등재판소의 좌배석과 지방가정재판소의 우배석. 마지막이 지방가정재판소의 좌배석이다. 대지부 이외의 지방가정재판소 지부장은 지방가정재판소 우배석급으로까지 넓어진다.

한편 신임 판사보의 임지를 보면, 예전에는 대체적으로 성적을 첫 번째 기준으로 삼아 도쿄에서부터 순서대로 배치한 듯했으나 요즘에는 그것이 약간 미묘해져서 한 마디로는 말할 수 없게 되었다.

이와는 별도로 최고재판소 사무총국에는 사무총장, 국장, 과장,

국원이 있으며, 최고재판소 조사관으로는 수석首席, 상석上席, 일반 조사관이 있고, 사법연수소에는 소장, 상석, 사무국장, 일반교관이 있고, 재판소 직원 총연수소는 사법연수소에 준하며, 또한 각 고등재판소에는 사무국장이 있다. 그 서열을 살펴보면 최고재판소 사무총장, 수석조사관, 사법연수소장은 고등재판소 장관과 동급이고, 사무총국 국장은 소장과 동급이며, 사무총국 과장·최고재판소 조사관·사법연수소 교관의 비교적 높은 지위는 도쿄지방재판소 재판장과 동급, 고등재판소 사무국장은 그 소재지 지방재판소 재판장과 동급이라고 보면 될 듯하다. 그리고 법무성 본성本省과 각 법무국으로 파견을 나가 있는 재판관도 여기에 준한 세세한 서열이 있다.

가만히 생각해가며 글을 쓰기만 해도 비위가 상할 정도인데 이렇게 스모 선수의 순위표 같은 재판관들의 세세한 히에라르키는 재판소법을 들여다봐도 결코 알 수가 없다. 무릇 일본의 재판소가 평등을 기본으로 하는 조직이 아니며, 오히려 그 반대라는 사실을 머릿속에 잘 기억해둘 필요가 있다.

앞서 말한 피라미드의 정점에 위치한 최고재판소 장관은 원칙적으로 매우 드물게 열리는 대법정의 재판에만 관여하기 때문에 장관의 주요 업무는 사법행정의 총괄, 보다 직설적으로 말하면 사법행정을 통한 재판소 직원 전체, 특히 재판관을 지배, 통제하는 일이다. 표면적인 제도상으로는 어떨지 모르겠으나, 최고재판소 장관의 실질적 권력과 권한은 다른 최고재판소 판사보다 훨씬 더 막강하다. 1980년대 이후로만 한정한다면, 최고재판소 장관 전원이 사무총국계의 재판관 출신이며 9명 중 4명이 사무총장 역임자였다.

14명의 최고재판소 판사 중 재판관 출신자(앞서 말한 대로 통상 6명)는 최근에는 거의 전원이 사무총국계다.

사무총국의 최고위직인 사무총장은 최고재판소 장관의 직속, 심복 부하인데, 그 자리는 최고재판소 장관, 최고재판소 판사로 가는 가장 확실한 디딤돌이다. 사무총국 사무총장의 거의 대부분이 최고재판소 판사가 되었으며 역대 재판관 출신 최고재판소 장관의 약 절반이나 차지하고 있다. 앞서 말한 대로 '최고재판소 장관의 말이라면 무엇이든 듣는, 그 구두바닥이라도 핥을 만큼' 뼛속까지 사법관료, 공무원이 아니면 절대로 임무를 수행할 수가 없다. 최고재판소 장관이 있는 자리에서는 '충신'이라도 되는 양 몸을 웅크리고 얌전히 앉아 있지만, 그 권력은 절대적이어서 각 국의 국장들에게 장관의 명령을 구체적으로 전달한다.

행정관청의 국장에게는 상당한 재량권이 있지만 사무총국의 국장에게 그런 것은 거의 없다. 최고재판소 장관의 의향에 말없이 따르는 '조직의 커다란 톱니바퀴'에 지나지 않는다. 이 사실에 대해서는 한 국장이 이 같은 내용의 푸념을 하는 것을 내가 직접 들었으니 틀림없을 것이다. 그러니 국장의 부하인 국원은 물론 과장조차 본질적으로는 오로지 명령을 받기만 하는 '풋내기, 애송이'에 불과하다고 말해도 좋을 것이다.

하지만 사무총국 이외의, 다시 말해 현장의 재판관들과의 관계에 있어서 사무총국의 권력과 권위는, 그 상층부는 말할 것도 없고 전체를 놓고 봐도 결정적으로 막강하다.

그 결과 사무총국의 거만한 국장은 지방가정재판소 소장, 도쿄지방재판소 소장대행급의 선배 재판관들에게조차 명령하는 투로 말하는 경우가 있으며, 지방가정재판소 재판관들과의 관계에서도 마찬가지라고 할 수 있다.

이에 따라서 재판소장들의 위를 지향하는 자세, 사무총국을 지향하는 자세도 매우 뚜렷해서 자신이 소속된 재판소의 재판장은 냉담하게 대하면서, 사무총국 소속 판사보에 대해서는 한심할 정도로 정중하게 대응하는 꼴사나운 광경이 펼쳐지곤 한다. 이는 물론 사무총국 소속 개인에 대한 것이 아니라 그 '지위'에 대해 경의를 표하는 것이다. 이러한 관료조직 안에서 불면 날아갈 것 같은 '개인'은 아무래도 상관없으며 '지위, 직함'만이 힘을 발휘하기 때문이다.

여기서 지방가정재판소 소장에 대해 이야기해보면, 그 지위가 매우 미묘한 것이어서 실질적으로 비교적 큰 발언권을 가지고 있는 고등재판소 장관과는 전혀 다르다.

지방가정재판소 소장이 재판관이나 직원에 대해 갖는 영향력은 분명 지대하며 그들을 대하는 자세도 권력자의 모습, 즉 권위적이어서 대학의 학부장에 비할 바가 아니다. 이런 의미에서 보면 지방가정재판소 소장과 일반 판사, 판사보 간에는 대학의 총장,

학장과 교수, 준교수 사이의 상하 차이 그 이상의 큰 차이가 있다고 해도 좋을 것이다.

하지만 지방재판소 소장의 실질적 권한은 재판관이나 직원의 평가에 관한 측면을 제외하면 매우 제한적이다. 최고재판소 사무총국이나 그 밑에 있는 고등재판소 사무국(고등재판소 사무국장은 지방재판소 재판장급의 재판관이며, 사무총국의 과장들과 함께 사법행정의 요직 중 하나다)의 의견에 영향을 받는데 특히 최고재판소 사무총국의 의견은 절대적이다. 제2장에서 도쿄 지방재판소의 두 명의 소장대행 판사의 대조적인 인사에 대해 얘기했던 것처럼 요즘은 소장이나 소장대행 시절에 사무총국을 향해 자신이 하고 싶은 말을 분명하게 하면 이후 그 사람의 인사는 결코 좋은 쪽으로는 풀리지 않을 것이라고 해도 틀림이 없다.

상층부에 대한 추종 경향이 너무도 극단적인 어느 대도시 지방재판소의 소장을 예로 들어보겠다.

그는 재판관이나 직원 앞에서 "고등재판소의 의견은 잘 들었나? 우선 상급청의 의견을 들어보게.", "그건 정말 사무총국의 생각과 같은 것인가? 혹시 다르지 않은가?"라는 등의 말을 매일같이 했기에, 직원들은 '충견 하치코 같은 사람'*이라고 수군거렸다. 물론 개가 세상을 떠난 주인을 그리워하는 것은 미덕이지만,

---

*이름은 하치. 자신을 기르던 주인의 퇴근시간이 되면 매일 도쿄 시부야역 앞으로 가서 주인을 마중했는데 주인이 세상을 떠난 뒤에도 약 9년 동안 같은 시간이 되면 주인을 마중하러 나갔다고 한다. 견종은 아키타 견. _옮긴이 주

재판관으로서 독립을 지켜야 할 위치에 있는 사람이 걸핏하면 사무총국이나 고등재판소 사무국(사무총국의 국장이나 고등재판소 사무국장은 오사카 지방재판소 소장보다 상당한 후배다)의 의견에 조건반사적으로 신경을 쓴다는 것은 결코 미덕이라 할 수 없다. 그러니 직원들의 그와 같은 말은 오히려 충견 하치코의 명예에 커다란 흠집을 내는 것이라 생각한다.

앞에서 얘기한 소장들의 재판원제도 극찬 대합창도 이렇듯 일이 돌아가는 상황을 고려하여 받아들여야 할 것이다.

이와 같은 지배와 추종이라는 두 얼굴의 결과, 소장은 위에는 매우 약하고 아래에 대해서는 매우 강한, 문제 있는 태도가 점점 더 심해져간다. 특히 소장 시절에 '성과'를 올려야 한다며 절치부심하는 사람이 소장이 되면 그 밑의 재판관들은 매우 고생을 하게 된다. 하지만 판사보들에 대해서는 소장들도 대체적으로 부드러운 편인데, 젊은 사람들에게 온화한 것은 어느 조직의 장이나 마찬가지다.

나는 소장 역임자나 현재 소장을 맡고 있는 재판관들로부터 "세기 씨, 남들 보기에는 편해 보일지 몰라도 직접 해보면 소장은 정말 지긋지긋한 자리에요"라는 말을 몇 번이나 들은 적이 있다. 물론 소장으로 일하는 것이 즐거워서 견딜 수 없겠다는 사람도 있을지 모르겠으나, 지금의 재판소에서 그렇게 느끼는 사람이 과연 어떤 종류의 사람일지는 상상에 맡기도록 하겠다.

| 인사에 의한 통제와 생존경쟁 |

최고재판소 장관, 사무총장, 그리고 그 뜻을 받은 최고재판소 사무총국 인사국은 인사권을 한손에 쥐고 있기 때문에 재판관들을 마음대로 지배 · 통제할 수 있게 되었다. 그 결과 전혀 예상 밖의, 그리고 누가 봐도 '아아, 이건 아닌데…'라고 생각할 만한 인사를 두 번, 세 번 거듭 당하고 난 뒤 결국 그만둔 재판관을 나는 몇 명이나 보아왔다.

이건 젊은 재판관들만의 문제가 아니다. 재판장들도 마찬가지여서, 사무총국이 바람직하다고 여기는 방향과 다른 판결이나 논문을 쓴 사람 등, 사무총국의 마음에 들지 않는 인물에 대해서는 소장이 되는 시기를 몇 년이고 늦춰서 후배 뒤에 부임시켜 굴욕감을 맛보게 한다거나, 혹은 소장 자리에조차 앉히지 않는 등의 방법으로 괴롭히고 또 본보기로 삼을 수도 있다. 그리고 지방가정재판소 소장들에 대해서까지 당국의 마음에 들지 않는 자는, 원래대로라면 다음에는 도쿄 고등재판소의 판사장이 되는 것이 당연한 사람을 몇 년이고 지방 고등재판소의 재판장으로 두는 식으로, 역시 보복성 인사를 할 수 있다. 이는 본인에게 있어서 상당한 손해다. 자존심에도 상처를 받게 되며, 단신 부임 기간도 길어지기 때문이다.

이러한 인사가 무서운 것은 이 같은 보복이나 본보기가 언제, 무엇을 근거로 행해질지 모른다는 사실이다. 예를 들어 '위헌판결을 한 경우' 등과 같은 형태로 명시되어 있다면 그 이외의 것에 대해서는 안심을 할 수 있을 테지만, '어쨌든 사무총국의 마음에 들지 않는 판결'을 해서는 안 되는 것이니 재판관들은 넙치처럼 늘 그쪽만을 엿보며 재판을 진행하게 된다. 당연히 판결의 적정성이나 당사자의 권리 따위는 부차적인 문제가 된다.

또한 사무총국은 그쪽 입장에서 봤을 때 재판관이 범한 '잘못'이라 생각되는 재판이나 연구, 그리고 공적 · 사적 행동에 대해 상세히 기록하여 결코 잊는 법이 없다. 예를 들어 그 '잘못'으로부터 오랜 시간이 흐른 뒤에 지방의 소장이 되어 있는 재판관에게 "당신은 더 이상 수도권으로는 절대로 돌아올 수 없습니다. 정년까지 지방을 돌아다니기 바랍니다. 하지만 공증인이라면 할 수 있게 해드리지요"라는 형태로 최후의 통첩을 날려 언젠가는 반드시 보복을 한다.

이처럼 사무총국은 마음에 들지 않는 인물은 히에라르키의 계단을 상당히 오른 뒤에라도 간단히 내칠 수 있다. 이러한 예는 단순한 예가 아니라 실제로 있었던 일이다. 궁지에 몰린 쥐가 고양이를 물지 않도록 하기 위해서 훗날의 자리까지 마련해두었다는 사실에 주목하기 바란다. 참으로 용의주도하다.

한편 동료 학자나 언론인들과 이야기를 나누다보면 "재판관이 되었으니 출세 따위는 신경 쓰지 말고, 전근을 되풀이한다 해도 평생 일개 재판관으로 살아가는 것도 좋지 않습니까? 어째서 다들 그렇게 출세에 집착하는 겁니까?"라는 질문을 종종 받는다.

이런 질문을 받으면 '아, 외부 사람들은 그 점을 이해하지 못하는구나'라는 생각이 든다. 이런 질문을 하는 사람들도 재판관이 된다면 대부분 인사에 무관심할 수 없게 되리라는 사실은 불을 보듯 뻔한 일이기 때문이다.

어째서일까?

그것은 첫 번째로 재판관의 세계가 폐쇄적이고 외부와 격리된 조그만 세계, 즉 '정신적인 수용소'이기 때문이다. 두 번째로 재판관이 각 기期를 중심으로 나뉘어 경쟁해야 하는 집단, 그것도 스모 선수의 순위표와도 같이 세세한 히에라르키에 의해 분류된 집단의 일원이기 때문이다. 세 번째로는 전국에 걸친 재판관의 전근 시스템 때문이다.

재판관을 외부 세계와 격리시켜놓는 것은 재판소 당국에게는 아주 중요한 일이다. 재판소 이외에 다른 세계는 없는 것처럼 해놓아야 재판관 개개인은 고립된 부평초가 되어버리니, 그냥 내버려두어도 인사나 출세에만 정신을 팔게 된다. 이는 당국에게 매우 유리한 상황이다.

다음으로 히에라르키의 계단을 아주 자잘하게 분류해놓고 출발점은 일단 평등하게 한 뒤, 근거도 없는 조그만 차이를 두어 서로 경쟁하게 만든다. 영어에서 말하는 랫레이스rat race, 즉 무한 경쟁이며 한심스러운 출세 경쟁이다. 제3자가 보기에는 참으로 좁은 세계에서 펼쳐지는 '쥐의 경주이고 경쟁'이지만, 당사자들은 객관적으로 자신을 바라보는 눈을 완전히 잃었기 때문에 그런 사실은 깨닫지 못하고 필사적으로 경쟁한다. 그리고 어느 단계에 이르면 사무총국계(국장, 과장 역임자)와 그 밖의 재판관들 사이에 큰 격차가 벌어지게 한다. 그것도 요즘에는 순수한 엘리트계와 함께 아첨으로 추종해온 예스맨도 적당히 승진시킴으로써 더욱 미묘하게 재판관들을 자극하고 있다.

이러한 경향에 대해 도쿄대학, 교토대학 등과 같은 명문에 연연하지 않는 공평한 인사라고 생각해서는 커다란 착각이다. 능력만을 판단 기준으로 삼는다면 모르겠지만, 정실까지 뒤얽혀 있는 경우가 많기 때문이다. 그 상징적인 예가 제2장의 후반부에서 자세히 분석한 대규모 정실인사다. 그리고 그와 관련해 얘기한, 이상한 최고재판소 판사의 인사에 있어서도, '여성 최고재판소 판사의 적극적 등용'이라는 이미지로 일반에게 일석이조의 효과를 거두고 있다는 사실에도 유심히 주의를 기울일 필요가 있다.

오바마 대통령이 취임한 뒤, 유권자들을 배신하고 마침내 대기업과 정치가에 대한 지배를 강화하여 국민의 자유 제한을 계속한 예를 생각해봐야 할 것이다(쓰쓰미 미카 ≪미국에서 '자유'가 사라진다≫). 흑인이니, 여성이니 하는 것만으로 민주적이 되었다고 받아들여서는 결코 안 된다. "어리석은 대중을 기쁘게 하는 데는 대중에 영합하는 것이 가장 좋다"는 전 세계 공통의 국민·시민 우롱노선에 휘둘리고 있는 것은 아닌지 곰곰이 생각해볼 필요가 있다.

한편 최근의 정실인사 경향은 젊은 재판관들에게까지 영향을 끼치고 있는데, 정실인사에 대한 반대급부로 능력이 뛰어난 사람이 인정을 받지 못하는, 예전에는 생각조차 할 수 없었던 사태까지 발생하기 시작했다. 예전에는 적어도 젊은 재판관들에게는 대체로 능력을 중시하는 공평한 인사가 행해졌으며, 그것은 야구치 제체 하에서도 크게 다를 것은 없었다.

기본적인 상하관계가 '기期'에 의해 결정되는 관료조직에서, 동기 중에 자신보다 명백히 능력이 떨어지는 사람이 자기 윗자리에 앉거나 후배에게 뒤쳐지는 등의 사태는 매우 굴욕적인 것이다. 그런데 재판소 당국 역시 이러한 사실을 잘 알고 있으면서도 그와 같은 굴욕감을 맛보게 하기 위해서 의도적으로 그런 인사를 행한다는 점을 알아야 한다. 솔직히 말해서 학자나 기자들처럼 지적 상상력이 풍부한 사람들이 이러한 상황에 대해 충분한 상상력을 발휘하지 못한다는 사실이 참으로 의아하다. 자신에게 일어난 사태라고 생각해본다면 금방 이해할 수 있지 않을까 싶다.

마지막으로 재판관의 전근 시스템이 전국에 걸쳐 있다는 사실이 중요하다. 예를 들어 중앙행정 관료처럼 도쿄에서 다른 곳으로 전근 갈 일이 없는 경우라면 만년과장으로 지낸다 할지라도 좋아하는 일을 할 수만 있으면 된다고 생각할지 모르겠다. 하지만 재판관이 생활의 본거지(예를 들면 도쿄 부근, 오사카 부근 등이 있지만, 거기에만 국한되지 않는다)에서 멀리 떨어진 곳을 돌아다녀야 한다면 정신력이 아주 강한 사람이 아니고서는 지쳐버리고 만다. 요즘 들어 재판관의 평균적인 질이 떨어졌다고는 하지만,

적어도 그 상층부는 대체로 각 대학의 성적 우수자가 차지하고 있는 우등생 집단이니, 그들이 이런 일을 당하면 쉽게 견뎌내지 못한다.

이와 같은 점에 대해서 법조일원제도를 채용하고 있는 미국과 비교해보기로 하겠다. 미국의 경우는 대부분의 재판관들이 취임한 재판소에서 거의 이동하지 않는다. 좀 더 높다고 생각되는 자리로 옮기는 경우도 없지는 않으나 흔한 일이 아니다. 또한 재판관의 독립성이 철저하게 보장되어, 예를 들어 지방재판소의 재판관이 상급심 재판관에게 머리를 숙여야 할 일은 애초부터 없으며 재판관들 사이에서 상하관념도 매우 희박하다. 아니, 재판소 조직을 전체적으로 봐서 피라미드형 계층구조라고 생각하는 사람은 아무도 없을 것이다. 굳이 일본과 비교하자면 차라리 대학이나 학자의 세계에 가깝다고 할 수 있다.

실제로 나는 유학하던 워싱턴 주의 최고재판소를 방문해(미국의 재판소에는 연방 재판소와 주州 재판소 2개 계열이 있다) 판사들과 이야기를 나눈 적이 있었는데 전부 온화하고 학식이 풍부한 신사로, 일본에 비유하면 판사라기보다 오히려 뛰어난 학자 같은 분위기에 가까웠다. 제2장에서 분석한 일본 최고재판소 판사의 성격 유형과 비교해보면, 미국과 일본 간에는 큰 차이가 있음을 알 수 있다. 그렇다면 당신은 일본과 미국을 비교했을 때, 어떤 쪽이 더 최고재판소 판사에 어울린다고 생각하시는지?

그런데 일본형 캐리어시스템 전체를 놓고 봐도 그 계층성,

폐쇄성, 중앙집권성이 두드러지며, 구성원에게 치열하게 출세 경쟁을 시켜놓고 당근과 채찍을 번갈아가며 주어 컨트롤함으로써 재판관들로부터 그 독립성을 사실상 거의 완전에 가까울 정도로 빼앗아 제도에 굴종하는 정신적 노예로 만들어버렸다.

예를 들어 같은 캐리어시스템이라 할지라도 지금의 독일 재판관 제도는 나치 시절에 대한 반성으로 철저히 민주화되어 있으며, 변호사들의 수준이 낮다는 이유까지 더해져 오히려 재판관들이 솔선하여 정의 실현을 위한 방향으로 나아가기 위한 제도가 마련되어 있다. 이 점에서 일본과는 전혀 다르다. 오히려 일본의 캐리어시스템은 지배하는 기관이 사법성에서 최고재판소 장관, 최고재판소 사무총국으로 바뀌었을 뿐, 제2차 세계대전 이전의 시스템과 본질적으로는 변함이 없는 것 같다는 느낌이 든다.

| 사실상의 퇴직 강요, 인사 평가의 이중장부 시스템 |

2000년대에 행해진 사법제도 개혁에 의한 재판소 제도의 여러 개혁에 대해서는 나도 어느 정도 기대하는 부분이 있었다. 그러나 실시된 지 얼마 지나지 않아 철저하게 배반을 당했기에 개혁에 기대를 걸었던 내가 어리석었다는 사실을 깨닫게 되었다.

재판소 당국은 그들 개혁을 무효화했을 뿐만 아니라 오히려 반대로 악용하기 시작했다. 그 중 하나가 신임 판사보 임용과 10년마다 있는 재판관 재임용의 심의를 하는 하급재판소 재판관 지명 자문위원회 제도이다. 그 대외적인 취지는 이들 절차를 투명화하고 국민의 의사를 반영하겠다는 것이었다.

그러나 이 위원회의 인원을 보면 고위 재판관과 검찰관이 다수 포함되어 있으며, 또 정보수집 방법은 재판관의 평가권자인 지방 가정재판소장이나 고등재판소 장관의 비공개 보고서(매년 정기적으로 작성되는 '재임용(판사 임명) 희망자에 관한 보고서'. 재판관의 요구가 있으면 공개하는 '평가서면'과는 다르다)가 중심이기 때문에 스스로 조사하는 방법이나 수단은 제한적일 수밖에 없다. 또한 재임용 부적격 판단을 받은 재판관에 대한 통보, 청문의 기회, 불복신청제도도 없기에 여기에는 커다란 의문이 든다. 그리고 그 판단 기준이란 것도 매우 추상적이며 심의 내용도 공개되지 않는다. 위원회가 '지명 적정성 판단에 신중을 요하는 자', 즉 중점 심의자를 가려내기 위한 주요 정보가 앞에서 말한 비공개 보고서이기 때문에, 사무총국 인사국은 평가권자에게 미묘한 사인을 보내기만 하면(전화 한 통화로 간단히 할 수 있는 일이다) 자신들의 손을 더럽히지 않고도 특정 재판관의 재임용을 사실상 거부할 수 있게 된다.

실제로 이 제도가 도입된 이후, 재임용을 거부당한 재판관들의 숫자가 현저하게 늘었다. 그전까지는 재임용 부적격 판단을 받는 재판관의 수(그런 판단을 받았다 할지라도 재임용 신청을 철회하지 않는 한 재임용이 거부되지 않는다)가 거의 없었으나, 제도 도입 이후 해마다 5명 내외의 큰 숫자가 되어 있다.

물론 실제로 재임용을 거부당하는 재판관은 능력이 부족한 경우가 많을 것이다. 하지만 문제는 이러한 제도의 절차를 생각해 보면 능력 부족 재판관의 자료들 사이에 재임용을 거부하고 싶은 재판관의 자료를 살짝 끼워 넣을 수도 있다는 점이다. '거부당해도 어쩔 수 없는 예' 사이에 섞이기 때문에, 그와 같은 사안의 부당성을 주장하기란 매우 어려운 일이다.

실제로 나는 일류 중의 일류 국립대학에 근무하고 있던 한 학계의 원로로부터 다음과 같은 얘기를 들은 적이 있다.

"내 제자 중에서 가장 우수했던 학생이 재판관이 된 지 20년 뒤에 퇴임했기에 물어봤더니 재임용을 거부당했다고 합니다. 깜짝 놀랐습니다. 본인도 영문을 모르겠다고 합니다. 틀림없이 자기주장을 분명히 하는 학생이기는 했습니다만, 그것 때문에 거부당했다면 정말 믿을 수 없는 일입니다."

또한 제출된 자료를 바탕으로 재임용이 어려울 것 같은 재판관이 있으면 사전에 '명예퇴직'을 권고하는 것이 관례였다. 그렇게 되면 대부분의 재판관은 의기소침하여 임기 만료 전에 퇴직해 버린다. 임기가 만료되어 퇴임하게 되면 재임용이 거부된 것이 아닐까 여겨져 변호사 사무실에 새로 취직하는 데 지장이 생길 가능성이 있기 때문이다. 따라서 '실질적인' 재임용 거부자의 숫자는 공표된 숫자보다 상당히 많다고 봐야 할 것이다.

이러한 점에 대해, 예전에는 전부 명예퇴직 권고로 불투명하게 처리했던 것이 어느 정도 겉으로 드러나게 된 것뿐일지도 모른다는 추측도 있으나(다니엘 H. 푸트, 다마루야 마사유키 역, ≪이름도 없는 얼굴도 없는 사법—일본의 재판은 변할 것인가≫, 227쪽) 아마도 그렇지는 않을 것이다. 그 책에 있는 또 하나의 추측인 '위원회가 설치되었기에 사무총국은 예전보다 더 자유롭게 후보자의 임용을 거절할 수 있게 되었다고까지 말할 수 있다'(226쪽)라고 보는 편이 정확할 것이다(신도 무네유키 ≪사법관료≫ 55쪽에도 같은 추측이 있다). 나는 과거의 실정에 대해서도 잘 알고 있는데, 예전에는 재임용 거부는 거의 없었으며, 명예퇴직을 권하는 경우도 기껏해야 두어 명 내지 그 이하였던 것으로 기억한다.

한편 일본 사법에 대한 푸트 교수(도쿄대학)의 분석은 전체적으로 높이 평가할 부분이 있다고 생각하지만, 앞의 책을 살펴보면 일본의 재판소와 재판관 제도의 결정적 특징인 계층적 상의하달 관료조직이라는 측면의 문제점에 관해서는 충분한 인식이 부족한 것처럼 보인다.

재임용 심사와 관련해, 사법제도 개혁에 따른 재판관 평가제도의 투명화 일환으로 설치된 평가서류 공개, 불복신청제도에 대한 처우에 불만을 느껴 공개를 신청한 한 재판관(틀림없이 내가 보기에도 충분히 평가되지 않은 듯 생각된다)에게 들은 바에 의하면 매우 형식적인 좋은 평가만이 기재되어 있었다고 한다(≪사법관료≫, 141쪽 이하에도 비슷한 내용이 서술되어 있다). 이 사실로 보아 실제로 인사에서 중시되고 있는 것은 비공식적 문서와 구두에 의한 정보, 그리고 그러한 것들을 종합하여 기재한 개인별 인사서류일 것이라고 생각된다.

사법제도 개혁 전의 일이지만 나는 한 좌파 재판관(그 가운데서도 친구이기도 했던 몇 안 되는 인물)으로부터 "(전에부터 면식이 있던) 소장으로부터 '그런 통지표는 가위표투성이나 다름없어. 잔뜩 적혀 있다더군'이라는 말을 들었어"라는 얘기를 들은 적이 있다.

이 소장의 말을 통해 앞에서 말한 개인별 인사서류의 존재를 짐작케 해준다. 다시 말해 재판관 평가에 관한 가장 중요한 문서는 사무총국 인사국에 존재하는 절대 극비의 개인별 인사서류인데, 그 점에는 지금까지도 아무런 변화가 없다. 따라서 재판관의 인사평가에 관해서는 겉과 속이 다른 이중장부 시스템이 채용되었을 가능성이 높다고 봐도 좋을 것이다. 상식적으로 생각해봐도 재판소와 같은 조직에서 굳이 공개신청을 할 정도로 부당한 대우를 느낀 재판관에 관한 '평가'가 형식적인 좋은 평가로 일관되어 있다는 것은 매우 이상한 일 아닌가?

| 사법연수소라는 이름의 인사국의 파견기관, 전문교육 시스템의 붕괴 |

사법연수소는 사법시험에 합격한 사법수습생(이하 간단히 '수습생'이라 하겠다)의 교육과 재판관의 평생교육을 담당하는 기관으로 크게 두 파트로 나뉘어 있다.

이렇게 말하면 누구나 법과대학원과 비슷한 고등교육기관이라는 이미지를 떠올릴 것이다. 하지만 실제로는 그렇지가 않다.

이는 학자를 포함한 법률가 사이에서도 잘 알려져 있지 않은 사실인데, 사법연수소는 사무총국 인사국과 밀접하게 연결되어 있어서 최고재판소 장관과 인사국장의 의향에 따라 신임 판사보를 선별하고, 또 재판관의 '캐리어시스템 교육'을 행하는 실질적인 의미에서의 '인사국 파견기관'이다. 사무총국 인사국과 사법연수소 교관, 특히 수습생의 교육 · 선별을 하는 파트와 재판관 교육을 담당하는 파트의 상석 교관들(재판관 교육 파트의 상석이 지위가 높다), 그리고 사법연수소 사무국장(이상 모두 도쿄 지방재판소 재판장급의 재판관)과의 관계는 매우 긴밀하다. 게다가 그들을 통해서 인사국은 사법연수소 교관을 움직이고 있다.

일반적으로 사법연수소 교관이란, 수습생 교육을 맡은 교수를 말하는데 그 숫자도 많다(이 교관 중에는 검찰관, 변호사도 있으나 여기서는 재판관 교관에 대해서만 언급하겠다). 교관의 선발 기준을 보면 예전에는 가르치는 능력도 나름대로 중시되었으나, 최근에는 가르치는 일은 매뉴얼대로 하면 되고(자신의 생각은 오히려 갖지 않는 편이 좋다) 사무총국의 눈에 적합한 인물을 잘 선별해서 임용시키는 능력 쪽이 더 중요시되어, 그런 방침에 적합한 인물로 교관을 선발하는 경향이 강해졌다. 그런 의미에서 보면 사법연수소 교관이라는 직위는 외부 사람들이 보기에 재판관 중에서도 환상이 가장 큰 자리일 것이다. 하지만 대학교수와는 전혀 다른 관점에서 교관이 선발된다는 사실만은 기억해두셨으면 한다. '연수소에 학자는 없다'는 말이 나오는 이유다.

오히려 사법연수소 교관은 그 가운데서 '쓰기 좋은 자'를 선별하여, 예를 들어 지방의 고등재판소 사무국장으로 삼는 등 사법관료의 2차적인 선별코스가 되었다고 일컬어진다. 2차적이라고 말한 것은, 능력 면에서 사무총국 과장이나 최고재판소 조사관에 비해 편차가 크기 때문이다. 단, 요즘에는 정실인사 경향이 강해져감에 따라 상사의 비위를 맞추는 능력이 뛰어난 예스맨들이 많은 사법연수소 교관이 사법관료로 발탁되는 예가 전보다 늘고 있다.

그와 같은 교관이 가르치니 교육 내용은 당연히 천편일률적인 매뉴얼 주입, 통째로 외우게 하는 것이 중심이며, 다른 의견을 제기하는 것은 좋아하지 않는다. 따라서 수습생들의 사고력이나 분석력은 길러지지 않고 오히려 암기나 내용을 그대로 베끼게 하는 교육의 폐해가 나타나고 있다.

그리고 신임 판사보의 선별에도 객관성이 결여되어 가고 있다.

변호사의 인기가 높아졌던 거품경제 시절에는 신임 판사보 하한 수준의 질이 현저하게 떨어졌으며, 불황기에 접어든 후에도 거기에는 변화가 없었다. 평균적인 수습생 기준에도 미치지 못하는 능력과 성적을 가진 사람이 상당수 재판관으로 채용되고 있다. 특히 사법시험 합격자 수가 증가한 이후의 신임 판사보 가운데는 판결문 초안의 주문에까지 누락된 부분이나 형식에 어긋난 곳이 눈에 띄어 주의를 주어도 좀처럼 고치지 못하는 예까지 존재한다.

이는 요즘의 우수한 수습생 중 다수(내가 본 바에 의하면 70~80% 정도)가 변호사가 되는데, 예전과는 달리 판사의 인기가 떨어졌기 때문이고(오히려 검찰관은 요즘 예전보다 인기가 있다), 또 다른 이유 중 하나는 교관이 능력 중심의 공정한 평가를 하지 않기 때문이라고 생각한다.

교관 중에는 '제자에 대해 안 좋은 말을 할 수가 없다'며 능력이 부족한 사람조차 '문제 없음'이라고 평가하여 임용을 가능케 하는 예가 있다. 하지만 그런 말을 할 거면 스스로가 그 제자와 힘을 합쳐 책임을 가지고 교육해야 할 것이다. 교관의 이러한 발언은 평가자로서 무책임하기 짝이 없는 것이다. 결국 그 수습생을 배속 받은 곳에서 그를 지도할 재판관뿐만 아니라 수습생 본인도 생고생을 하게 되기 때문이다.

이 점에 대해서 텔레비전 드라마나 만화에 등장하는 인물을 볼 때처럼 "능력은 없어도 인간성 좋은 재판관이라면 상관없지 않느냐"고 생각해서는 안 된다. 재판관의 법률적 능력이 변호사보다 훨씬 떨어지면 적절하게 소송을 이끌어갈 수 없게 된다(그러한 재판관을 골프에 빗대어 '연못가에 떨어진 재판관'이라고 부르는 변호사도 있다). 또한 생각하는 능력이 뒤떨어지면 제대로 된 판결이나 화해 안을 제시할 수도 없다. 일정 수준의 지적, 법률적 능력은 재판관의 최소한의 필수조건이다.

그리고 재판관으로서의 기본 능력이 부족한 사람은 능력을 키우는 데도 어느 정도까지 한계가 있다. 게다가 꼼꼼하지 못하거나, 자기 성찰이 부족하거나, 쉽게 흥분을 하거나(그뿐이면 그나마 괜찮겠는데 자신의 재판장이 하는 말은 듣지도 않으면서 소장이나 소장대행의 말만 듣는 등 훨씬 더 구제불능인 경우도 있다) 해서 지도가 쉽지 않다는 얘기를 들은 적도 많다. 자신의 능력, 적성에 관한 정확한 인식이 부족한 경우가 많기 때문에 이 같은 사태가 벌어지게 되는 것이리라.

또한 내가 퇴임하기 직전의 일이었는데, 예전에 비해 재판관 임용 희망자를 평가하는 기준이 더욱 주관적, 자의적이 되지 않았느냐는 의견을 여러 사람에게서 들었다. 구체적으로는 조직에 잘 융합하는 인물인가 아닌가 하는 점이 예전보다 더욱 중시되고 있다는 것이다. 신임 판사보를 선발할 때조차 앞에서 지적한 것과 같은 의미의, 사무총국의 입맛에 맞는 인물인가 아닌가 하는 점이 직접적으로 고려될 가능성도 있는 셈이다.

이것이 단순한 소문이라면 상관없지만, 이 사람이 왜 임용되지 못하는 걸까 이상하게 생각한 사례나, 반대로 이 사람이 어떻게 임용된 걸까 이상하게 생각한 예를 내 자신이 여럿 보아왔기에 앞서 이야기한 것과 같은 일을 근거 없는 뜬소문이라고만 생각할 수도 없을 듯하다.

그렇다면 사법연수소의 재판관 캐리어시스템 교육 쪽은 어떨까? 여기서는 판사보들을 모아놓고 연수나 특정 주제에 관한 재판관의 연구회 등이 행해진다. 하지만 이러한 연구회에도 노골적으로 위에서부터 아래로 지침과 정보를 내려주는 분위기여서,

역시 학자들의 연구회와는 분위기가 전혀 다르다.

내 체험을 하나 밝히자면, 사법연수소에서 개최된 연구회에서 내가 의견을 말하고 나자 사회를 맡은 재판관이 "세기 씨의 의견을 그대로 받아들이지는 말도록"이라고 한 적이 있었다. 농담이 아니었을까 생각하는 독자도 있을지 모르겠지만, 전혀 그렇게 들리지 않는 어투였고 다른 참석자들이 웃은 기억도 없다. 훗날 그 연구회에 참석했던 여러 후배들로부터 "그때는 자유로운 논의가 가능해서 좋았습니다"라는 말을 들었는데, 물론 웃는 얼굴로 그에 답하기는 했으나 나로서는 '정말 그렇게 생각했다면 그 자리에서 그렇게 얘기해주길 바랐는데…'라는 생각이 드는 것 또한 어쩔 수 없는 일이었다.

내가 일반적인 재판관에 대해 신뢰를 조금씩 잃기 시작한 이유 중 하나는 바로 이 같은 경험 때문이다.

다음으로 젊은 판사보의 일상교육인데, 이는 예로부터 내려오는 도제제도 같은 시스템에 의지하고 있다.

이 도제제도 시스템은 가르치는 사람의 수준이나 도덕성이 높은 경우에는 상당한 성과를 올릴 수 있지만, 낮은 경우에는 그 반대의 일이 벌어진다는 데 문제가 있다. 다시 말해서 오히려 나빠져 간다.

제2차 세계대전 이후 한동안 일본 영화는 그 완성도에 있어서 의심할 여지도 없이 세계 최고의 수준이었다. 그 이유는 패전과 전후 가치관의 변화에 의해 자극을 받은 거장들의 위기의식이

창조적인 에너지가 되어 결실을 맺은 것, 그리고 도제제도 시스템의 성과와 경험 축적에 의한 측면이 컸다고 생각한다. 각본, 촬영, 조명, 편집 모두 명인의 솜씨에 의한 결정체로, 별것 아닌 것 같은 카메라의 움직임 하나만 봐도 슥 움직이다가 여기다 싶은 곳에서 딱 멈추는데 그러면서도 관객이 카메라의 움직임을 결코 의식하지 못하게 한다.

그런데 그 후, 일본 영화는 시대의 변화와 텔레비전 쪽으로의 진출로 도제제도 시스템이 황폐해져서 참으로 초라하게도 영화의 질이 떨어져버리고 말았다. 영화 장인들의 기술과 정신을 전부 잃었음에도 예로부터 전해 내려오던 시스템을 대체할 만한 새로운 시스템이 구축되어 있지 않았다는 것이 영화 수준 저하의 근본적 원인이었다.

지금의 재판소에서 벌어지고 있는 사태도 이와 비슷하다. 가르치는 사람의 질적 저하에 따라서 도제제도적 교육 시스템의 장점이 사라지고, 단점만이 두드러지게 된 것이다. 캐리어시스템이 나빠진 원인 중 하나로 이 사실을 지적하는 선배들도 많다.

도제제도적 교육 시스템을 대신할, 그리고 사법연수소에 의한 중앙집권, 상의하달적이고 암기 위주의 경직된 교육제도를 대신할 보다 질이 높고 개방적인 교육 시스템의 수립, 혹은 최소한 그러한 방향으로 가기 위한 사법연수소 제도의 근본적인 개혁이 필요할 것이다.

| 재판소에 의한 취재 통제와 보도 컨트롤 |

재판소 당국에 의한 취재 통제도 중요한 일이기에 언급해두겠다.

민주국가에서는 기본적으로 국민의 '알 권리'가 중시되고 있다. 당연히 권력 기관은 언론에 대해 열린 자세를 갖는 것이 바람직하리라. 재판소의 경우, 예를 들어 학자들의 경우와 마찬가지로 중립적인 내용의 취재에 관한 한, 재판관 개개인에 대해서도 대학에 준하는 정도, 즉 학자가 취재에 응할 때 준하는 정도의 개방성, 각 재판관의 재량과 자기책임의 원칙이 인정되어도 좋을 것이다.

하지만 여기서도 사무총국은 철통 같은 통제를 하고 있다.

예를 들어 나 자신도 실제로 소장으로부터 신문기자의 취재를 거절하라, 그것도 '스스로의 판단이라는 뜻을 알린 뒤에' 그렇게 하라는 명령을 받은 적이 있었다. 그때는 나도 화가 나서 한판 붙어볼까도 싶었지만 한 선배가 "세기 군. 저런 사람, 자네가 진지하게 상대할 필요 없어. 똑같은 사람이 되고 마니까 그만둬"라고 달래주었기에 그냥 꾹 눌러 참고 말았다. 냉정하게 대화를 나눈 끝에 결국은 취재에 응했는데 소장은 "취재에 응하는 건 좋지만, 개인적인 일 이외에는 절대 얘기해서는 안 돼"라며, 물에 들어가도 좋지만 젖어서는 안 된다는 말과 다를 바 없는 소리를 했다.

그리고 한 도쿄 지방재판소의 소장대행이 내게는 한마디도 하지 않고, 독단에 의한 것인지 아니면 최고재판소 사무국장이나 최고재판소 사무총국 홍보과와 상의를 한 끝에 내린 결론인지는 모르겠으나, 역시 취재를 거절해버린 일도 있었다. 나중에 기자를 통해 그 사실을 알게 되었다.

앞의 취재 요청은 내가 필명으로 쓴 책에 대한 것이었고, 뒤의 요청은 내 논문과 학회보고 내용에 대한 취재였다. 특히 후자는 순수하게 학술적인 내용에 대한 취재였음에도 그와 같은 조치를 당했다는 점과, 평소 그 소장대행을 신뢰할 수 있는 사람이라고 생각했다는 점 때문에 더욱 큰 실망감을 맛보았다.

소장이나 소장대행이 재판관에 대한 취재에 신경을 곤두세우는 이유는, 이런 일에 대해서까지 사무총국이나 최고재판소 사무국이 완전히 틀어쥐고 관리하고 있는데 마음대로 취재를 허락하거나 하면 자신에게 매우 불리해지기 때문이다. 그리고 첫 번째 예에서처럼 재판관에게 억지를 부리면 풍파가 일지도 모르기 때문에 두 번째 예처럼 본인에게는 알리지도 않고 거절해버리는 경우도 일어나는 것이다.

내 경우는 취재뿐만 아니라 외부로부터의 강연 의뢰도 한 마디 상의 없이 거절해버린 적도 있었다. 그저 자유주의자, 학자 재판관에 지나지 않는 나 같은 사람조차 요주의 인물 리스트에 올라 있을 가능성도 있다는 사실을 보여주는 대목이다.

또한 이는 거품경제 붕괴 이후 일본의 시스템 전반에 관한 문제로 지적되는 부분이기도 한데, 일본의 재판소는 폐쇄적이고 내부 결속력이 강한 집단이기 때문에 새로운 시스템 모색의 동기가 강하며, 그로 인해 받는 충격이나 비판에 대해서 실제로는 더욱 강경하고 딱딱한 자세를 취하고 있음에도 불구하고 밖으로는 협조적인 이미지나 메시지만을 내보내는 경향이 있다.

이 점에 대해서, 이따금 텔레비전이나 신문에서 볼 수 있는 '열린 재판소'라는 이미지의 보도도 사실은 사무총국 홍보과가 관여한 영상이나 기사를 그대로 흘림으로 해서 '만들어진' 측면이 크다는 사실이다. 내가 기억하고 있는 한, 그러한 방송이나 기사 가운데 어떤 장면은 방송해도 좋고 어떤 장면은 방송하면 안 되는지, 어떤 것은 써도 좋고 어떤 것은 써서는 안 되는지 사전에 세밀하게 검토와 체크가 행해진다.

예를 들면 이것은 구소련의 외국의 취재진에 대한 대응과 아주 비슷하다. 솔제니친이 고발하기 전까지는 강제수용소의 실태가 어떤지 외국에서는 거의 알지 못했다. 외국의 언론인이나 문화계 인사들이 시찰 등으로 방문할 때만은 수감자들에게 충분한 식사, 의복, 휴식이 주어졌으며 시찰자들은 눈에 보이는 그대로 받아들인 뒤 돌아간 것이다.

일본의 재판소를 취재하는 언론인들도 자신이 그 사람들처럼 사무총국 홍보과의 하급기관과도 같은 보도를 하고 있지나 않은지 깊이 생각해봐야 할 것이다.

| '감옥' 속의 재판관들=정신적 '수용소 군도'의 수감자들 |

여기서 최고재판소 사무총국에 의한 지배·통제의 특징에 대해서 얘기해보겠다.

그것은 예를 들어 '눈에 보이지 않는 감옥'과도 같은 것이다. 정해진 범위에 안주하고 있는 한 그 감옥은 보이지 않으며 그 철창鐵窓이 거슬리지도 않는다. 그러나 일단 떨치고 일어나 스스로의 신념에 따라서 재판이나 연구를 진행하려고 하면 곧 보이지 않던 철창에 부딪치게 된다.

요즘에는 재판관을 그만두는 사람들이 예전에 비해 많이 늘었다는 소리를 들었다. 그것도 비교적 우수한 재판관들이 그만두는 경향이 강하다고 한다. 통계가 없기 때문에 구체적인 숫자를 제시하지 못하는 것이 아쉽기는 하지만, 나 역시 분명히 그런 경향이 있다고 생각한다.

적어도 "사법연수소 시절의 동료였던 재판관들로부터 퇴직하고 변호사가 되고 싶은데 어떻게 생각하나? 그렇게 되면 적당한 로펌을 소개해줄 수 없겠나? 하는 이야기를 듣는 경우가 최근 들어 많아졌습니다"라는 말을 여러 베테랑 변호사로부터 들었다. 나 자신도 대학으로 옮긴 후, "세기 씨, 잘하셨어요. 저도 지금이었다면 절대로 재판관이 되지 않았을 거예요"라는 말을 여러 사람으로부터 들었다. 최근에는 전임 최고재판소 조사관이나 사무총국 과장까지 재판소에 정나미가 떨어져서 퇴임하는 사람들이 나오고 있는 것도 사실이다.

나 자신은 언젠가 연구자가 되겠다는 것이 15년 동안의 희망이자 계획이기도 했지만 민사보전법에서 민사소송, 민사소송법과 사법제도론으로 연구의 주요 분야를 옮긴 이후부터 재판관 생활의 마지막 10년 동안, 보이지 않는 감옥의 존재를 누구보다도 잘 알게 되었다. 그 결과 연구, 교육, 집필에 전념하고 싶다는 생각이 급속하게 깊어져간 것도 틀림없는 사실이다.

일본 사회는 나름대로 성숙한, 기본적으로는 민주적인 사회임에도 불구하고 매우 답답한 측면과 분위기가 있다. 그 이유 중 하나는 '법처럼 명확한 규범에 의해 해서는 안 되는 일'의 안쪽에 '해도 괜찮긴 하지만 사실은 하지 않는 편이 좋은 일'이라는 보이지 않는 선線이 그어져 있기 때문이라고 생각한다. 데모도, 시민운동도, 국가나 사회의 바람직한 모습에 대해 생각하고 얘기하는 것도 첫 번째 선에는 걸리지 않지만, 두 번째 선에는 미묘하게 걸린다. 그 결과 그 선을 넘는 것은 이데올로기에 의해 이끌리는 집단, 이른바 좌익이나 우파, 혹은 이데올로기적인 색채가 강한 정의파들뿐이며, 일반 국민이나 시민은 두 번째 선을 넘는 것 자체에 대해서 그리고 그와 같은 주제에 흥미를 갖고 생각하고 논하고 행동하는 것 자체에 대해서 일종의 알레르기 반응을 보이게 되었다. 불행한 사태라 하지 않을 수 없다.

이는 일본의 논단에 대체적으로 우익에 가까운 보수파와 좌파밖에 없으며, 민주사회에서 언론의 자유를 지키는 중추라 할 수 있는 자유주의자는 물론 참된 의미에서의 보수주의자조차 얼마 되지 않기 때문이다.

그리고 일본의 재판소는 앞서 말한 두 번째 선에 의해 둘러싸인, 영역이 매우 좁고 한정되어 있는 사회이자 두 번째 선을 넘을 경우, 혹은 그 선을 밟은 경우 그에 대한 대가로써 따돌림, 징벌, 보복이 굉장히 혹독한 사회이다.

솔제니친의 소설이나 기록, 쇼스타코비치의 음악이나 자서전(≪쇼스타코비치의 증언≫)을 재판관 신분으로 접하면 참으로 남의 일 같지 않은 부분이 있다. 일본의 재판소는 '재판소'가 아니라 정신적 피구속자, 제도의 노예나 수감자들을 수용하는 '일본 열도에 점점이 흩어져 있는 약간 유연한 수용소 군도'에 불과한 것은 아닐까?

재판소 구성원들이 정신적 노예에 가까운 상태에 놓여 있는데 어떻게 사람들의 권리와 자유를 지킬 수 있겠는가? 자신의 기본적인 인권을 거의 대부분 박탈당한 사람이 어떻게 국민과 시민의 기본적 인권을 지킬 수 있겠는가?

이는 웃음조차 나오지 않는 패러독스다.

재판소가 그러한 조직이 되어 있기 때문에 어려운 법적, 가치적 문제를 포함한 사건에 대해서, 특히 행정이나 입법에 대한 사법의 체크 기능이 필요한 사건에 대해서 재판관이 자기 나름대로 자신의 신념에 따라, 즉 일본 재판관의 재판으로서는 꽤나 '과감한' 판단을 하는 경우는 다음과 같이 매우 제한되어 있다.

첫 번째는 정점, 다시 말해서 최고재판소 판사의 자리에까지 오른 사람들이다. 하지만 이 사람들의 판단이 간신히 체면을 유지하는 정도의, 한계가 큰 경우가 많은 이유는 제2장에서도 이야기한 바 있다. 두 번째는 지금의 자리에서 더 위로 올라가지도 못하고, 또 그렇다고 전근을 가는 것도 아니라고 결정된 고등재판소 재판장이다. 도쿄 고등재판소에서 의외로 과감한 판결이 나오는 경우가 많은데, 바로 여기에 그 이유가 있다. 세 번째로는 어떤 이유로 곧 퇴임을 결심한 재판관의 판단이다. 물론 이 경우는 재판관이 앞서 얘기한 것과 같은 사건(어려운 법적, 가치적 문제를 포함한 사건, 특히 행정이나 입법에 대한 사법의 체크 기능이 필요한 사건)을 담당하게 되고, 또 과감한 판단을 내릴 수 있을 만큼의 기력이 남아 있을 때의 얘기지만.

이 이외의 경우는 매우 드물다고 해도 좋을 것이다.

이런 사태는 바람직한 것이 아니다. 대부분의 경우 재판관은 '스스로의 양심'에 따라 재판을 하지 못하게 되며, 또 앞에서 예를 든 것처럼 한정된 경우에 대해 기본적으로는 평가해야 할 판단이 많다 할지라도 때로는 퍼포먼스적인 경향을 띠기도 하고 개인적인 생각이나 가치관을 여과 없이 드러내 극단으로 치닫거나, 균형 잡히지 못한 것이 될 위험성도 역시 있기 때문이다.

간혹 변호사들로부터 도쿄 고등재판소의 특정 부에서는 마음에 드는 것이든, 들지 않는 것이든 어떤 판결이 나올지 전혀 예측할 수 없어 늘 조마조마하다는 얘기를 듣는 경우가 있는데 이러한 경향 중 하나의 현상이다.

다시 말해서 재판을 하는 재판관의 정신이 압박을 받는 상태에 있으면, 여러 가지 의미에서 적정하고 공정한 판단의 형태가 일그러져버리게 된다.

일본국 헌법 제76조에 빛나는 말로 기록되어 있는 것처럼 원래 '모든 재판관은 그 양심에 따라 독립하여 그 직권을 행사해야 하며, 그 헌법 및 법률에만 구속'되어야 한다. 하지만 일본 재판관의 실태는 '모든 재판관은 최고재판소와 사무총국에 종속하여 그 직권을 행하고, 오로지 조직의 규율과 가이드라인에만 구속'되고 있어, 헌법 제76조 조문은 완전히 우롱당하고 있으며 짓밟히고 있는 것이다.

'감옥' 안의 재판관들=정신적 '수용소 군도'의 수감자들이라는 나의 비유가 어떤 의미인지 이해했으리라 생각한다. 당신이 재판소의 문을 들어선다면, 당신을 재판하는 재판관들이 바로 그런 사람들인 것이다.

| 재판소 관료화의 역사와 그 완성 |

여기서 일본 재판소 관료화의 역사에 대해 간략하게 살펴보기로 하겠다(상세한 내용을 알고 싶다면 야마모토 유지의 ≪최고재판소 이야기≫를 읽어보시기 바란다).

일본의 재판소 조직은 지금까지 얘기한 것처럼 원래가 민주적이라고는 말할 수 없는 것이었으나, 제2차 세계대전 이후에는 나름대로 새로운 방향을 모색한 시기도 있었으며 한때는 자유주의 재판관들이 최고재판소의 다수파를 차지한 적도 있었다.

그런데 최고재판소 판결의 자유화, 특히 공무원의 쟁의행위를 형벌로부터 자유로운 방향의 판결이 나온 데 대해 커다란 위기의식을 느낀 자민당이 우익적 사고방식을 가진 이시다 가즈토石田和外 씨를 최고재판소 장관으로 앉혔다. 이시다 장관(임기 1969~1973)은 자민당의 생각대로 당시 최고재판소의 다수파였던 자유주의파를 모조리 쓸어버리는 인사를 단행했으며, 또한 블루퍼지 계획을 추진했다.

그리고 이시다 장관에서 시작된 최고재판소의 우경화, 보수화를 완성시킨 것이 이 책에도 몇 번이나 이름이 등장하는 야구치 고이치 장관이다.

하지만 야구치 체제(임기 1985~1990)가 끝난 뒤, 이러한 움직임은 일단락지어졌다. 다시 말해 그 후로 약 20년 동안 재판소에는 얼마든지 궤도 수정을 할 기회가 있었다. 그러나 그와 같은 시도는 아무것도 행해지지 않았으며, 재판원제도 도입 결정 이후로 오히려 지배와 통제가 강화되어서, 다케사키 히로노부竹崎博允(임기 2008~2014) 체제하에서는 또 다시 최고재판소 지배, 사무총국 지배, 상명하복, 상의하달 시스템이 훨씬 강화되어 버렸다.

또한 이시다 장관 시절 이후의 좌파 재판관 배제에서 시작된, 넓은 의미에서의 사상통제, 이분자異分者 배제 시스템도 다케사키 체제에서 그 완성을 보았다고 해도 좋을 것이다.

이러한 통제도 초기의 블루퍼지 시대를 제외하면, 그 후로는 매우 교묘하고 은밀한 형태로 추진되어 왔다. 예를 들어 나와 동기인 재판관들은 반수 정도, 즉 30명 정도가 전국재판관간화회 全國裁判官懇話會(청법협[青年法律家協會] 재판관부회에 비하면 좌파적 성향이 약한 재판관들의 단체. 2007년 해산)에 속해 있었으나 결국에는 거의 전원이 탈퇴한 것으로 기억하고 있다.

나는 단순한 자유주의자로, 어떠한 단체에도 소속되어 있지 않았는데도 재판관을 그만둘 무렵에는 요주의 인물 리스트에 포함되었을 가능성이 있었다는 사실의 배경에는 이러한 사정도 있었으리라 여겨진다. 다시 말해 좌파 내지 심정적 지지자는 거의 근절(전향시켰다)했고, 이제는 남아 있는 사람들에게도 영향력은 없어졌기에, 다음 차례로 자유주의자와 학자 타입까지도 포함하여 '스스로 생각하고 의견을 주장하는'(최고재판소에서 공인한 사고방식과는 다른 의견을 주장하는) 사람들을 배제해 버리려 했던 것일지도 모른다.

이렇게 되면 이제는 이데올로기적인 사상통제의 범주를 넘어, 구소련의 공산주의체제나 전체주의체제와 본질적으로 바를 바가 없는 철저한 '이분자 배제 시스템'이 되어버린 것이라고 평가해야 할 것이다.

그런데 지금의 재판소에서라면 충분히 그러한 발상이 가능하며, 제2장에서 말한 것처럼 상층부의 인사에도 지금까지 이상으로 철저하게 관철되고 있다.

제6장에서도 논하겠지만 2000년대의 사법제도 개혁이 일본의 재판소·재판관제도 문제의 근원인 최고재판소 사무총국의 다양하고도 교묘한 재판관 지배와 통제, 그리고 철저한 상명하복, 상의하달이라는 문제를 그대로 지나쳐 사무총국 중심 체제를 고스란히 온존할 수 있도록 했다는 점은 커다란 과오였다고 할 수밖에 없다.

지금의 재판소가 전에 없이 숨 막히는 조직이 되었다고 느끼는 것은 결코 나뿐만이 아니다. 지금의 재판소는 사법행정을 통해 철저히 재판관을 지배하고 통제했던 야구치 체제의 복사판이자 재활용이라고 평한 전·현직 재판관 선배도 몇 명이나 있다. 복사판이자 재활용이라고 말한 이유는, 그것이 내용적으로 큰 문제이기도 하지만, 야구치 체제에서도 약간이나마 존재했던 어느 정도의 비전조차 결여되어 있다고 느껴지기 때문이다.

한마디로 말해 내부에 대해서는 이념 없는 절대적 통제, 외부에 대해서는 가능한 범위 내에서의 영합, 그리고 정실인사로 체제를 더욱 굳건히 해서 지방가정재판소 재판장의 인사와 신임 판사보의 채용에까지 그 의향을 관철시키겠다는 추악한 시나리오로, 그와 같은 의미에서 구소련과 같은 전체주의적 공산주의 체제와도 매우 비슷하다.

그리고 이 같은 근본적 문제에 관한 한, 그것은 지금의 최고재판소 장관 다케사키 씨나 다케사키 체제만의 문제가 절대 아니다.

그것은 일본 재판소가 역사적, 구조적으로 안고 있는, 매우 뿌리 깊고 광범위한 문제인 것이다. 그리고 그와 같은 재판소의 성격은 상층부가 바뀌어도, 형사계 재판관의 일시적인 지배 시대가 끝난다 해도 변할 만한 것이 아니며, 소수파 · 양식파 재판관 개개인의 선의에 의해 극복될 수 있을 만한 성질도 아니라는 데 그 심각성이 있다.

| 제4장 |

누구를 위한, 무엇을 위한 재판인가?

당신의 권리와 자유를 지켜주지 않는 일본 재판소

| 통치와 지배의 근간은 언터처블 |

그렇다면 지금까지 얘기해온 것과 같은 재판소 · 재판관의 재판에는 어떤 문제가 있을까?

나의 재판관으로서의 경험과 학자로서의 연구를 바탕으로 가능한 한 이해하기 쉽게 설명해보겠다.

일본 재판의 상황을 살펴보면 최고재판소의 판결부터 문제가 크다고 느껴진다.

예를 들어 인권에 관한 재판소의 민감도를 나타내는 척도라고 할 수 있는 위헌재판 건수가, 최고재판소 스스로 헌법판단을 하는 경우를 좁게 한정지어버렸기에 전후戰後 70년이 지났음에도 여전히 미미해서 애초부터 일본에 참된 의미에서의 헌법판례가 있다고 할 수 있을지조차 의문스러울 정도로 위헌재판 건수가 얼마 되지 않는다는 사실이다.

그밖에도 1표의 가치 차이 문제에 관한 무감각, 우편함 투입을 주거침입죄로 처벌한 것(2008년 4월 11일),* 애초부터 피해의 완전 보상과는 동떨어지게 산정하고 있는 교통사고 손해배상액 등에 대해서 그 주요 부분인 일실이익逸失利益(사고를 당하지 않았다면 당연히 벌 수 있었던 수입 _옮긴이)을 연 5%라는 고리高利로 중간이자를 공제하고 있는 실무를 그대로 추인한 것(2005년 6월 14일), 공항 소음에 대해 앞에서 얘기한 것처럼 "공항소음의 민사 금지는 소음이 아무리 크다 할지라도(설령 난청 등과 같은 중대한 건강상의 피해가 발생한다 할지라도, 라고 받아들여진다), 또한 야간에 한정된 금지라 할지라도 받아들일 수 없다. 행정소송이 가능할지에 대해서 우리는 관여하지 않겠다"라고 한, 그야말로 인권을 짓밟는 듯한 판결을 아무렇지도 않게 내리는(1981년 12월 6일, 대법정) 것 등등 이러한 판결들을 진정 국민과 시민의 대다수가 받아들일 수 있을지 의문을 금할 길이 없다.

다음에 간단히 해설을 덧붙이도록 하겠다.

법이론이란 순전히 이론으로만 판단할 수 없는 결론의 정당화를 위해 반드시 논리적 성격을 어느 정도 포함하고 있다. 이러한

---

*일명 타치 반전 전단 배포 사건. 반전운동을 해온 단체인 '다치 자위대 감시 모니터링 텐트촌' 사람들이 2004년 1월 반전 전단 배포 목적으로 타치 자위대 관사에 들어가 이라크 파병을 반대하는 전단을 우편함에 투함하다가 주거침입 혐의로 체포 기소된 사건. 1심 무죄 판결, 검찰이 항소하여 항소심에서 벌금 20만 엔 또는 10만 엔 유죄 판결. 피고인은 당일 상고했지만 최고재판소에서 기각되어 도쿄 고등재판소의 유죄 판결이 확정되었다. _옮긴이 주

사실 때문에 인문・사회과학의 과학성에 한계가 있는 하나의 이유가 되는데, 사람들의 행동을 규정하는 규범을 연구하는 학문인 법학은 특히 이와 같은 한계가 크다(사실 이것은 법학자의 다수파도 그다지 인식하고 있지 못한, 혹은 인정하고 싶어 하지 않는 사실이다).

나쁜 법이론은 처음부터 결론을 정해놓고 오로지 그것을 정당화하기 위해 구축되는 경우가 많다. 이른바 '태초에 결론이 있었다'라는 식의 논의인데, 법이론에 있어서 난해한 용어를 사용하고 또 교묘하게 조합되어 있기도 하기 때문에 의외로 법률에 대해서 잘 알지 못하는 일반 시민을 속이기에는 꽤나 효과적인 방법이다. 그러한 법이론의 결함을 꿰뚫어보기 위해서는 그것을 정확하고 간결하게 요약함과 동시에 일상적인 말로 옮겨 적어보는 것이 무엇보다 중요하다.

우선 1표 차이에 관한 일련의 판례를 살펴보겠다. 그 흐름과 이유를 보면, 사실은 썩 내키지는 않지만 국민과 시민의 비판을 받아 국회의원들의 낯빛을 흠칫흠칫 엿보면서 마지못해 억지로 판단을 내린 것 같은 경향이 분명하다고 볼 수 있다. 애초부터 중의원 1대2(중의원 의원선거 구획정심의회설치법 3조가 근거), 참의원 1대5 등과 같은 최고재판소가 가이드라인으로 삼아온 비율에 속아서는 안 된다. 민주제의 근간을 이루고 있는 선거권의 평등은 국회에 재량권이 인정되는 사항이 아니다. 미국 상원처럼 주의 연방이 국가 성립의 근거가 된다면 모르겠지만, 각 행정구역

(都, 道, 府, 縣)을 단위로 선거구를 결정하는 일본에서는 합리적이지도 않고 아무런 필요성도 없다. 내 의견을 말하면 원래 위헌의 라인은 1대1.1이나 1.2 정도에서 그어져야 한다고 생각한다(이른바 '1인 1표 원칙'). 사실 미국이나 영국에서도 기본적으로는 이러한 원칙이 철저하게 지켜지고 있다.

한편 일본 하급심의 판례도 물론 봐줄 만한 판단이 가끔 있기는 있지만, 전체적으로 보면 이것은 대체적으로 최고재판소의 눈치를 살펴가며 '원칙'과는 동떨어진, 최고재판소가 그어놓은 가이드라인과 그 이론적 근거에 충실히 따르는 판단을 하는 데 그치고 있다. 독자 여러분께서는 앞서 말한 '원칙'을 잘 인식해두시기 바란다. 다시 말해, 이 점에 관한 일본의 상황은 명백히 헌법 위반이며, 1인 1표의 원칙이 실현되지 않는 한 그것은 변하지 않을 것이다.

다음으로 우편함 투함에 대해 살펴보면, 자위대 관사 우편함에 자위대 이라크 파견을 반대하는 내용의 전단을 뿌린 행위가 처벌받은 내용이다(제1심에서는 무죄판결을 받았었다). 이 사건에 대해 전단 살포와 같은 행위는 온당하지 못한 것이 아닌가, 라고 생각할 독자도 있을지 모르겠다. 하지만 사실 자위대 관사에서의 전단지 배포는 그 전까지도 계속되어 왔음에도 특별히 문제 삼은 적이 없었는데 수많은 투함 행위 가운데서 그것만을 문제 삼은 것도 분명한 사실이다. 그리고 무엇보다 그러한 행위는 "이것이 헌법 문제가 아니면 대체 무엇이 헌법 문제냐"고 말할 수 있을 정도로 표현의 자유에 관한 전형적인 행동이라는 사실도 생각해야 할 것이다.

단순한 전단 배포를 주거침입죄로 처벌한 사태는, 예를 들어 유럽의 민주국가였다면 인권 침해로 사람들에게 커다란 위기감을 불러일으키는 사건이 되었을 것이다. 하지만 일본인의 일반적인 정서상 '그건 좌익의 과격한 사람들에게나 일어나는 일이고 나와는 상관없으니 신경 쓸 것 없다'는 것 같다.

하지만 실제로는 그렇지가 않다. 내일이라도 당신의 아들이나 딸이 우연히 시민운동의 취지에 공감하여 전단 배포를 돕다가 잡혀가게 될지도 모를 일이다. 또한 비슷한 사태의 진행으로 인해 당신의 친한 이웃인 저널리스트나 사상가(좌파만이 아니다)가 프레임업(날조), 혹은 일반적으로는 기소도 처벌도 받지 않는 형식적 행정법규 위반 등으로 체포, 장기 구류를 당해 저술가로서의 생명이 끝나게 될지도 모를 일이다. 즉 다시 말해 '누군가'의 자유나 권리가 오늘 침범 당했다면, '내일은 내 차례'라는 사실을 깊이 인식해두어야만 한다.

법률 전문가의 눈으로 보면, 이런 의미에서 일본의 국민과 시민은 절벽 가까운 공터에서 순진하게 놀고 있는 아이들처럼 보이는 경우가 있다. 그 절벽 근처에 샐린저의 소설 ≪호밀밭의 파수꾼≫의 주인공처럼 친절한 감시인이 있으리라고는 장담할 수 없는데도 말이다.

어쨌든 내가 충격을 받은 것은, 앞서 말한 사건들의 판결문을 보아도 헌법상의 논점에 대해 판사들 중 누구도 진지하게 고려한 흔적이 없었다는 점 때문이었다. 결론은커녕 정면으로 헌법 문제에 맞서 판단하려고 한 자세조차 보이지 않았다.

다음은 손해배상액 산정이다. 앞서 얘기한 것처럼 높은 중간이자 공제(연 5%의 운용 수익을 전제로 하여 미래의 이자 증액분을 일실이익에서 공제한다) 결과 손해배상액이 큰 폭으로 깎여 유족의 자녀는 마음 놓고 학교에도 가지 못하는 등의 상황이 벌어진다. 그럴 리 있겠느냐고 생각하는 독자를 위해서 시험적으로 계산을 해보기로 하겠다.

당신이 35세, 연수입 400만 엔, 아내와 자녀가 있는 직장인이라고 가정해보자. 당신의 사망으로 유족이 얻을 수 있는 일실이익은 '400만 엔 × 0.7(당신은 세상을 떠났기 때문에 우선 당신의 생활비만큼이 공제된다) × 15.803(사망 후의 근로 가능 연수 32년에 상응하는, 중간이자 공제를 위해 최근 일반적으로 사용되고 있는 계수인 라이프니츠 계수)= 4424만 8400엔'이 된다(한편 미래의 승진 가능성에 대해서는 공무원이나 대기업 직원처럼 급여규정, 승진기준이 확립되어 있는 경우가 아니면 고려 대상이 되기 어렵다). 당신의 아내와 자녀가 얻을 수 있는 손해배상액은, 여기에 사망위자료 2800만 엔과 그 외 약간의 금액이 가산된 것이지만, 대부분의 경우 당신의 과실도 일정 부분 있다고 인정되기 때문에 현실적으로는 과실 비율만큼 더 빼야 한다.

어떻게 생각하는가? 당신의 아내와 자녀가 그 돈으로 몇 년 동안이나 생활할 수 있을 것 같은가?

여기서도 '내일은 내 차례'가 될지도 모른다는 사실을 한번 생각해보시기 바란다. 재판소와 보험회사의 '상식'을 의심해보지 않고 그대로 따른다면 이런 결과를 맞게 된다. 민법 404조*와의 관계를 말하는 재판관이 많은데, 지연손해금의 법정 이율 연 5%를 장래의 손해배상금 중간이자 공제와 같은 이자율로 결부시키는 것은 논리적으로 안 맞는다고 생각한다. 조금 더 실질적이고 적절한, 피해자 입장을 더 생각한 해결을 생각해볼 수도 있지 않았을까?

교통사고 피해자라는 소수자의 희생에 대해서, 보험회사의 고객에 대한 이익을 추구하는 결과에 대한 배려나 고려를 전혀 찾아볼 수가 없다. 오히려 대기업인 보험회사에 대해 커다란 '이해'와 '배려'를 보인 판결이라고 하지 않을 수 없다.

마지막은 공항소음금지다. 틀림없이 공항은 일반 국민이 이용하는 것이기 때문에 무조건 금지가 옳다고는 말할 수 없을지 모른다. 하지만 반대로 예를 들어 수면을 방해하는 심야의 커다란 소음까지 공항 주변 주민들이 감수해야 한다는 판단이 아니라, 양자 간의 균형을 생각한 적절한 선을 이끌어내는 것이 필요하다. 하지만 대법정의 판결은 '절대 금지는 인정할 수 없다'는 난폭한 내용이었으며, 공항금지소송은 묻고 따지고 할 것도 없으니 잘라

---

*민법 404조: 이자를 발생시키는 채권에 대해 별도의 의사표시가 없을 때에는 그 이율은 연 5%로 한다. _옮긴이 주

버리겠다는 자세가 노골적이다.

사실 이 사건에 대해서 제1소법정에서는 제한적 금지를 인정하는 방향으로 결정되어 있었다. 그런데 어떤 이유에서인지 그것이 대법정에 회부되었고 앞에서와 같은 결론에 이르게 된 것이다(마이니치 신문 사회부 ≪검증, 최고재판소—법복 너머에서≫). 그 배후에 정치적인 움직임이나 의도가 있었다는 사실은 쉽게 추측해볼 수 있다.

이 판결에서 금지를 일절 인정하지 않는 이유로 '항공행정권'에 관한 사항이기 때문이라는 이유를 들었으나, 이에 대해서도 학자들은 강하게 비판했다. 이런 논리를 사용하면 국가의 사업은 거의 대부분이 공권력을 행사하는 것이 되어버려 일률적으로 민사소송의 대상에서 제외되어버리기 때문이다.

그리고 "행정소송이 가능할지 불가능할지는 모르겠으나"라는 말도 참으로 기만적이다. 어떤 행정소송이 가능할지는 전혀 알 수 없으며, 사실 학자들도 그 점에 대해서는 어려울 것이라 생각한다. 풀어서 얘기하면, "행정소송에 대해서는 글쎄, 잘 모르겠네(몰라. 내 알 바 아니야)"라고 말하는 것과 다를 바 없기 때문이다. 또한 금지를 전혀 인정하지 않는 이상 주민의 피해가 계속될 것이 분명함에도 불구하고 장래의 손해배상 청구를 완전히 부정한다는 점도 문제가 크다. 원래대로 하자면 장래의 손해배상도 일정 기간, 예를 들어 수년 동안의 손해분을 인정한 뒤 만약 국가가 손해를 감소시켰을 경우에는 국가가 민사집행법 35조인

'청구이의의 소'를 제기해서 감소시킨 만큼의 강제집행을 중지하게 하는 형태로 사안을 해결하는 것이 당연할 것이다. 피해가 과거의 일이 된 시점에서 피해자 쪽에서 다시 손해배상 청구를 해야 한다면 그것은 법이론(민사소송법학에서 말하는 '제소 책임의 적정한 분배 원칙')에도, 정의에도 반한다.

그리고 이와 같이 피해자에게 손해배상에 대해 다시 소송을 제기할 여지도 주지 않는 점은, 금지를 문제 삼을 필요조차 없다며 인정하지 않으려는 태도로 일관하여 전국 각지에서의 관련 소송이 제기되는 것을 억압하려는 의미가 노골적으로 드러나 있는 것처럼 보인다.

제1장에서 언급한 미군기지에 대한 소음금지 청구를 주장 자체가 부당하다고 기각한 최고재판소의 판결(1993년 2월 25일)도 오사카 공항 판결과 마찬가지로 '나무로 코를 꿰어두는' 매정한 내용이었다. 미군의 비행은 국가의 지배가 미치지 못하는 제3자의 행위이기 때문에 국가에 금지를 요구하는 주장 자체가 부당하다는 논리인데, 애초에 미국과 미일 안보조약을 체결한 것은 국가였다. 다시 말해 국가가 미군의 비행을 허용한 것이다.

그리고 조약 내지 이에 바탕을 둔 법률에서 정한 바가 없기 때문에 안 된다는 것도 이상하다. 적절한 법률이 없다면 국가에게는 그것을 만들 의무가 있으며, 또 미일지위협정(일본국과 미합중국 사이의 상호협력 및 안전보장조약 제6조에 바탕을 둔 시설 및 구역, 그리고 일본국에서 합중국 군대의 지위에 관한 협정) 제2조

2항에는 '양국 정부는, 한쪽의 요청이 있으면 협약을 다시 검토하여 시설의 반환이나 새로운 제공을 합의할 수 있다'는 내용이 규정되어 있는 이상, 즉 시설의 반환까지도 요구할 수 있는 이상, 국가가 미국에 대해 비행 상황에 관한 협의 신청이 불가능할 리 없기 때문이다.

그리고 헌법질서가 조약보다 우위에 있다는 것은 헌법학의 통설이며, 헌법상의 기본적 인권, 인격권의 침해에 관한 사항에 대해서 국가는 더더욱 앞에서 말한 행위를 행할 의무가 있다. 미국이 하는 일이기 때문에 국가에는 책임이 없다면 무엇 때문에 헌법이 있단 말인가? 그렇다면 식민지와 다를 바가 없지 않은가?

한편 안보조약에 대해서는, 국제정세에 관한 일본 정치가의 전망이 부족해서 원래대로라면 필요 없는 타협을 거듭해왔다는 사실이, 역시 기밀 지정이 해제된 미국의 공문서에 의해서 밝혀졌다(소토오카 히데토시 외, ≪일미동맹 반세기—안보와 밀약≫).

이상과 같은 나의 논의는 자유주의자인 학자(학자는 대부분이 자유주의자라고 생각한다)로서의 것으로, 그 어떤 이데올로기적 배경도 없다(공항 소송에 관한 부분은 내가 재판관으로 재직시절 우리가 오키나와에서의 논리가 아니라 그 후 내가 생각해온 결과를 간략하게 정리한 것이다). 또한 학자의 의견이라 할지라도 비교적 급진적인 부분이 있을지도 모르겠으나 결코 특이한 것은 아니라고 생각한다. 다시 말해서 학자의 상식 범위 내의 분석이자 의견인 것이다. 바꿔 말하면 이처럼 통치나 지배의 근간과 관련된 사항에 관한 최고재판소의 판단, 그리고 일반적인 재판관의 생각이 얼마나 권력 쪽으로 기울어 있으며, 또 확고부동한 것인지를 잘 아셨으리라 생각된다.

한편 이와 같은 법률상의 쟁점에 관해 내가 논한 것 같은 방향으로 하급심 판례가 진행될 가능성은 지금의 재판소 시스템 하에서는 크지 않다고 할 수 있다. 평균적인 재판관은 내가 얘기한 것과 같은 내용은 애초부터 생각하지도, 받아들이지도 않을 것이며, 또 그와 같은 방향이 바람직하다고 생각하는 재판관이 몇 명 있다고 할지라도 상당한 각오를 하지 않는 한 새로운 방향으로는 발걸음을 옮기지 못할 것이다. 이러한 법률문제에 대해 과감한 판결을 내린 재판관은 틀림없이 무사하지 못할 것이며, 언제 어디서 어떤 보복을 당하게 될지 모르기 때문이다.

| 어정쩡한 태도와 추종의 민사재판 |

예를 들어 명예나 사생활과 표현의 자유가 충돌하는 소송처럼, 혹은 노동소송처럼 넓은 의미에서의 '가치'에 관한 사안, 행정소송이나 국가배상청구소송처럼 권력을 체크해야 하는 사안, 대기업을 상대로 한 소비자의 청구나 의료과실 손해배상청구처럼 당사자 쌍방이 가진 힘이나 정보에 큰 격차가 있는 사안, 원고에 의해 새로운 법적 판단이 강하게 요구되는 사안 등에 대해서 재판관이 어디까지 적극성을 발휘해야 하는가는, 사람에 따라서 생각이 나뉘는 문제다. 어느 쪽이든 나름대로의 명분과 정당성이 있는 경우가 많기 때문이다.

또한 재판관은 국민이 선출한 의원으로 구성된 입법기관에서 만든 법률을 원칙적으로는 존중해야 한다는 사실에 이론을 제기할 학자도 없을 것이다.

하지만 예를 들어 법률에 관해서만 해도 실질적으로는 관료가 만드는 것과 다름없는 경우가 많으며, 또 그럴 때 정치인, 관료, 관련 압력단체 등의 권익이 최우선으로 고려된 예도 적지 않다는 사실을 생각하면, 즉 겉으로는 입법부의 충실, 성숙을 발전시키는 것이 중요하다 할지라도 그것이 급속하게는 이루어질 수 없으며, 또 정치인이나 입법 준비작업을 하는 관료와 연관 분야의 유착적인 관행이 조금도 개선되지 않는 한 사법의 체크 기능은 한층 더 날카롭게 발휘되어야 할 것이다.

원칙론은 차치하고라도 내가 철든 이후 50년 동안 보아온 일본 사회의 모습을 생각해보면, 적어도 지금은 국민과 시민에 비해 관료나 정치인의 성숙도가 너무 낮으며, 따라서 사법의 적극성이 발휘되어야 한다고 생각한다.

그리고 서구(미국은 판례법 국가라고 일컬어지나, 실제로는 제정법制定法도 매우 많다)에서는 법규의 해석의 폭에는 한계가 있는 반면, 그것을 넘어선 부분에 대해서는 예를 들어 조리條理나 관습법을 근거로 한 적극적인 판단이 내려지는 경우가 많다. 앞의 사례처럼 서로 다른 가치가 첨예하게 대립하는 유형의 소송에서는 재판관의 그러한 창의적인 법창조 기능이 기대되고 있는 것이다.

그렇다면 일본의 민사재판은 어떨까?

내가 33년 동안의 재판관 생활을 통해 보고 들은 바에 의하면, 가령 미국의 재판관, 특히 연방재판소의 재판관에 비해 일본의 재판관은 이와 같은 점에 있어서 대체적으로 어정쩡한 태도, 머뭇거리는 듯한 태도를 취하고 있으며, 어려운 판단을 회피하거나 혹은 단지 선례를 따르려는 경향이 강하다는 사실을 부정할 수 없다. 물론 어디까지나 일반적인 경향이 그렇다는 말이지만.

이러한 사실은 판례가 되어 법률지에 게재되는 짤막한 판결문을 보아서는 잘 알 수 없을지도 모른다. 하지만 일본의 재판관은 그 일상적인 사건처리에 있어서 새로운 법리를 세우거나, 그 구체적인 방향을 제시하는 판결문을 별로 쓰고 싶어 하지 않으며, 제1장에서 언급한 임시의 지위를 정하는 가처분명령 절차에서의 결정(대표적으로 금지나 법률상 지위의 확인 같은)에 대해서도 과감한 판단을 망설이는 경향이 매우 강하다는 사실은 내 경험에 비추어봤을 때 틀림이 없다. 물론 나는 무슨 일에 대해서나 금지를 행하는 재판관이 좋다고 말할 생각은 없다. 금지가 적절하고 정당할 때에는 주저하지 않는 태도가 필요하다고 말하고 싶은 것일 뿐이다.

법해석에서 법창조로의 이행은 사실 무지개의 색깔이 서서히 바뀌어가는 것처럼 아주 미묘해서 명확히 선을 그을 수 있는 것이 아니다. 각 순간에 직면하는 사실이나 문제점에 대해서 재판관은 지극히 평범한 해석에서부터 매우 과감한 법창조에 이르기까지의 넓은 영역 중에서 적절한 지점을 선택하기 위해 스스로 자각과 성찰을 갖고 결단을 해야 한다.

하지만 미묘한 가치판단에 관한 어려운 법률문제, 특히 사회현상에 이의를 제기하는 방향의 문제에 직면한 경우에 자각적이고 성찰적인 태도로 임하는 재판관은 일본에 그리 많지 않다. 대다수의 재판관들은 그저 선례에 따르거나, 기각 또는 각하하는 방향을 취하거나, 판결문을 쓰지 않아도 되는 '화해'라는 수단에 의지하는 등의 길을 선택한다.

그리고 일본 재판관의 판결문은 길고 상세하지만 이해하기 어려우며 중요한 쟁점에 관한 기술이 부실하거나 형식논리에 빠져 냉담하게 처리한 것이 많다. 인정사실과 법리의 연결고리가 애매하며 판단의 방향이 명확하지 않은 경우가 많다. 다시 말해 딱딱한 관료의 작문처럼 보이는 경향이 강하다. 이는 지금의 법학교육에도 문제가 있지만 근본적으로는 사안을 진지하게 대하겠다는 재판관의 마음가짐이 부족하며, 또 당사자를 위해서가 아니라 상급심에 보이기 위해, 혹은 자기만족을 위해 판결문을 쓰는 측면이 크기 때문이라고 할 수 있다.

한편 재판관이 어려운 법률문제에 주체적으로 임하는 것을 회피하는 경향에 대해서는, 예를 들어 도쿄 지방재판소 파산재생부의 재판관이 도산법에 관한 어려운 법률문제에 대해서 "뭣 좀 제출해주실 수 있나요? 뭘 좀 제출해주시면 고맙겠습니다만"
이라는 등의 말로 암암리에 학자의 의견서 제출을 종용하는 경우
가 있다는 말을 변호사로부터 들은 적도 있다. 이 말을 뒷받침해주
는 얘기를 다른 쪽에서도 들은 적이 있어 틀림없이 사실일 것이라
생각한다.

물론 이와 같은 어려운 문제에 대해서 당사자 측에서 적극적으
로 학자의 의견서를 제출하는 경우도 있기는 하지만, 법률문제에
관해서는 원래 스스로 조사하고 생각하는 것이 재판관의 역할이
다. 이런 점을 생각해본다면, 당사자로서는 논점에 관한 준비서면
(구두변론 준비를 위한 주장 등을 기재한 서면)의 작성과 문헌의
조사와 제출을 요구하는 데 그치는 것이 상식적이며, 위와 같은
노골적인 '종용'은 피해야 할 것이다.

| 화해의 강요와 강압 |

화해의 강요와 강압도 일본 민사재판의 특징적이고도 커다란
문제이다.

일본 재판소에서의 화해는 당사자가 번갈아가며 재판관과 면접
하고, 또 상당한 기일을 요하는 경우가 많은데 이는 결코 국제표준
이 아니다. 미국을 비롯한 많은 나라에서 화해는 반드시 당사자
쌍방이 마주한 자리에서 행해지며, 재판관이 장시간에 걸쳐서
당사자들을 설득하는 일도 없다. 재판관이 당사자를 한쪽씩 만나

화해에 대한 얘기를 나누는 것 자체가 중대한 절차보장 위배다. 다시 말해서 절차상의 문제가 있다고 보는 것이 일반적이다. 상대방은 그 내용을 전혀 알지 못하기 때문이다.

최근 일본에서는 신속한 재판 요청을 배경으로 화해를 예찬하는 분위기가 학자들 사이에서조차 힘을 얻어가고 있는데 여기에는 커다란 함정이 있다.

앞서 말한 것처럼 일본의 재판관은 중요한 법률문제나 새로운 법률문제를 포함한 사건의 판결, 특히 새로운 판단에 대해서는 어정쩡한 자세를 취하는 경우가 많으며, 또 그러한 경향이 최근 들어 오히려 강해지고 있기 때문이다. 효율보다 사건을 '처리'하는 것만을 지상 목적으로 삼는 무사안일주의적 사건처리가 눈에 띄게 늘어나기 시작했다. '재판관이 화해를 강요, 강압하는 횡포'를 주장하는 변호사들의 목소리도 많이 들려온다.

한편 변호사 측도 패소의 위험이나 강제집행의 어려움이라는 리스크를 두려워하여, 혹은 재판관과 마찬가지로 화해로 처리할 수 있는 사건은 화해로 빨리빨리 처리하고 싶다는 이유가 작용할 수도 있어 당사자가 원하지도 않고 납득도 하지 못하는 화해를 권하는 경향이 있는 것도 사실이다.

하지만 소송에 있어서 화해란 본질적으로 '당사자 사이의' 계약, '당사자의' 소송 행위임은 민사소송법 이론의 기본으로, 예를 들어 미국에서는 '당사자의 의향에 따르지 않는 화해는 절대로 행해서는 안 된다'는 것이 변호사 윤리의 기본 중의 기본으로 여겨지고 있다.

소송을 좋아하는 국민은 어디에도 없겠지만 특히 일본인 중에는 다툼을 좋아하지 않는 사람들이 비교적 많기 때문에(전 재판관 출신 법학자인 나도 발등의 불이야 어쩔 수 없이 끄지만, 가능하면 분쟁은 피하고 싶다) 웬만해서는 소송이라는 수단을 쓰지는 않는다. 따라서 뒤집어 말하면, 보통의 일본인이 소송을 일으켜야겠다고 결심한 경우에는 무슨 일이 있어도 재판소에서 시비를 가려줬으면 좋겠다, 그리고 마지막까지 싸우겠다고 생각한 경우가 비교적 많을 것이다.

그런데 소송을 일으키고 나면 머리말에서 언급한 것처럼 어느 정도 심리가 진행된 단계에서 재판관으로부터 억지로, 그리고 끈질기게 화해하라는 설득을 받는 경우가 아주 많다.

그렇기 때문에 당신이 재판소에서 화해에 임할 때는 일본 재판관의 이 같은 경향을 잘 인식해둘 필요가 있다.

뛰어난 재판관이라면 적확하게 자신의 심증과 그 근거를 설명하고 화해의 설명에는 연연하지 않으며, 그 시간과 횟수에도 절도를 지킨다. 만약 그와 다른 언행을 보이는 재판관이라면 주의할 필요가 있다. 변호사에 대해서도 마찬가지인데, 재판관의 경우 이상으로 변호사의 성실함을 꿰뚫어보기 어려운 경우가 많을 것이다. 선임을 하기 전에 변호사의 설명을 잘 듣고 그 자질과 인품을 냉정하게 파악한 뒤, 신뢰할 수 있는 변호사를 선택할 필요가 있다.

이처럼 재판관이 화해를 고집하는 데에는 두 가지 이유가 있다.

첫 번째는 한마디로 말해서 사건을 빨리 '처리'해서 끝내버리고 싶기 때문이다. 재판관의 사건처리에 대해서는 매달 통계가 잡히는데, 새로 맡는 건수가 이미 마무리한 건수를 상회하여 이른바 미제사건이 증가하면 '적자'가 되어 '사건처리 능력'을 의심받게 된다. 그렇게 되면 담당 사건도 늘어나서 소송 운영도 힘들어진다. 또한 사법제도 개혁에 따라 2003년에 성립된 재판의 신속화에 관한 법률 제2조에 의해 제1심의 소송절차는 2년 이내로 가능한 한 짧은 시간 안에 종결지어야 한다고 되어 있다. 이것이 가이드라인으로 되어 있어 재판관은 어쨌든 사건을 빨리 종결지어야 한다는 생각만 염두에 두고 일을 하는 경향이 강해진 것이다.

틀림없이 재판에 오랜 시간이 걸리는 것은 바람직하지 않으며 신속함도 중요하다. 하지만 재판에서 가장 중요한 것은 말할 필요도 없이 '적정'함이며, 단지 빠르기만 한 재판은 아기와 함께 양동이의 물을 버리는 것이나 다를 바가 없다. 그럼에도 불구하고 일본의 재판관은 자칫 이 원칙을 망각하고 어떡하든 간단하고도 빨리 사건을 처리할 수 있어 건수를 늘릴 수 있는 화해로 몰고 가려는 경향이 강하다.

두 번째 이유는 판결문을 쓰고 싶지 않기 때문이다. 여기에는 앞에서 이야기한 대로 어려운 판단을 회피하려는 경우도 있으나 그건 그나마 나은 편에 속한다. 단지 판결문을 쓰는 것이 귀찮아서, 그것 때문에 소송기록을 꼼꼼하게 다시 읽기가 귀찮아서, 또 판결문을 쓰면 그것이 잔소리 심한 소장이나 고등재판소 재판장에 의해 평가되고, 경우에 따라서는 점수가 깎일 수도 있기 때문에 그와 같은 사태를 피하고 싶다는 등의 보다 단순한 이유 때문인 경우가 더 일반적이다(특히 최고재판소의 평가는 객관적이지 못한 경우가 있다는 문제점도 있다).

뒤에서 자세히 얘기하겠지만 요즘에는 새로 맡는 사건의 수가 줄어들고 있음에도 불구하고 화해를 강요, 강제하는 경향이 개선되지 않는 것은 이러한 사정 때문이다.

일본의 변호사는 길고 자세한 판결문을 좋아하는 경향이 강한데, 그러한 경향이 결국 이와 같은 결과를 낳았다는 사실도 염두에 둘 필요가 있다. 제1심 판결은 결론과 결론을 이끌어내게 된 이유를 알기 쉽고 적확的確하게 밝히면 그것으로 충분하다고 정해 놓는다면 재판의 운영 전체가 좀 더 건강해지지 않을까 생각한다. 그리고 변호사는 어떨지 모르겠으나, 제도 이용자인 국민과 시민들도 대부분 그렇게 생각하고 있지 않을까?

어쨌든 이것은 개인적인 견해일지도 모르겠으나 심리, 쟁점의 정리를 분명히 해두면 그렇게 길지 않아도 적확하고 논리적인 판결을 쓸 수 있으며, 또한 판결문을 작성하는 데도 그렇게 긴 시간은 필요하지 않으리라 생각한다(내 사례집에 실린 판결의 대부분도 그렇게 긴 시간은 걸리지 않았다).

내 경험을 한 가지 덧붙이기로 하겠다.

나는 재판관으로서 전반적으로 그럭저럭 적정한 판결을 내렸으며, 그럭저럭 적정하게 화해, 소송 지휘를 했고, 국가배상청구 사건에도 편견 없이 임해 왔다고 생각하지만, 판결에서 1건, 화해에서 1건 후회를 남긴 사건이 있었다.

판결은 제1장에서 말한 가데나 기지 소음공해소송 사건이다. 화해는 특별히 큰 사건은 아니고 원고가 중학생 소년인 교통사고 손해배상청구 사건으로, 자전거를 탄 소년과 자동차 운전수 쌍방이 자기 앞의 신호가 초록색 불이었다고 주장한 사건이었다. 경찰관의 조서에서 소년은, '제 맞은편 신호는 빨간불이었습니다'라고 진술했으나 조서 작성 당시 부모가 동석하지 않았고, 소년은 그때 운전수가 불쌍하다고 생각해서 허위 조서 작성에 응해버린 것이라고 주장했다.

이러한 사건에서는 보통 증인과 당사자를 심문해 보면 누구의 말이 옳은지를 대체로 짐작할 수 있다. 그러나 이 사건의 경우는 아무리 들어도 적확한 심증을 얻을 수가 없었다.

그래서 나는 화해를 권했는데, 어느 날 내가 약간 강한 어조로 소년의 부모를 설득하고 있자니 옆에 있던 소년이 "알겠습니다. 이젠 됐습니다. 화해하겠습니다"라고 분명한 어조로 말을 했다.

나중에 생각해보니 그때 소년의 얼굴에 떠오른 것은 실망과 포기였다.

물론 증거상으로 과실이 의심되는 정도의 입증인 경우에는 원고가 패소하는 것이 민사소송의 원칙으로(이를 민사소송법학에서는 '피고의 과실에 대해 원고에게 증명 책임이 있다'고 한다), 소년에게 불리한 조서와 실황조서밖에 존재하지 않은 그 사건에서는 소년의 형세가 불리했다. 또한 실제로는 신호가 바뀔 때 일어난 사고였을 가능성이 커서 소년의 말을 대부분 믿는다 할지라도 완전 승소는 어려운 사안이었다고 생각한다. 그리고 설령 소년을 승소시켰다 할지라도 항소심에서 뒤집어질 가능성도 컸을 것이다.

하지만 소년에게는, 그리고 그의 부모에게는 판결을 요구할 자유와 권리, 그리고 그 판결이 잘못되었다고 생각하면 끝까지 싸울 자유와 권리가 있었다는 것만은 틀림없는 사실이다.

그 사건 이후로 나는 설령 사안의 해결로 화해가 가장 적절하다고 생각되는 경우라 할지라도 당사자가 원하지 않는 화해를 강하게 권하는 일은 하지 않았다. 강자의 입장에 있는 재판관이 당사자의 자유와 권리를 짓밟는 일이 될지도 모르기 때문이었다.

| 수해 소송에 관한 대규모 추종 판례군, 새로운 판단을 싫어하는 재판관들 |

일본의 재판관에게는 최고재판소 판례나 지금까지의 하급심 판례의 유력한 방향으로 따르려는 경향이 매우 강하다. 문제가 된 쟁점과 관련한 판례들을 비판적으로 검토하지 않고 사대주의적으로 대세에 따르려는 경향이 강하다는 말이다. 그 전형적이고도 대규모적인 예로 국가배상청구소송의 한 유형인 수해水害소송을 들어보기로 하겠다.

원래 수해소송에서는 대부분 원고가 승소했다. 그런데 최고재판소의 부정否定판결(1984년 1월 26일)이 나오자마자 하급심 판례의 흐름이 완전히 변하여 전부가 기각처리 되었다.

최고재판소 판례는 '일수형溢水型', 즉 제방은 무너지지 않았으나 물이 넘친 사안, 그리고 공사 중에 있는 미보수未補修 하천에 관한 사안이었다. 그런데 여기서 문제가 되는 것은 그 후의 하급심 판례가 '파제형破堤型', 즉 제방이 파괴된 사안, 그리고 보수 도중에 있는 하천이 아닌, 필요한 보수가 끝난 하천에 관한 사안에 대해서까지 원고의 청구를 기각하게 되었다는 점이다.

심지어는 쓸모없이 방치되어 있던 제방이 무너진 사안에 대해 이것을 국가에서 배상하지 않으면 무엇을 배상하겠다는 말인가, 라고 여겨지는 사안까지 기각되어버리고 말았다(1987년 8월 31일 도쿄 고등재판소 판결. 다마가와 수해소송. 제1심에서는 인정했다). 하지만 이 판결은 최고재판소에 의해 파기되었다(1990년 12월 13일. 자세한 내용은 고사키 요시나가 ≪하천관리 책임의 걸림돌≫ 참조).

일본의 재판은 정밀사법이라는 둥, 일본의 재판관은 우수하니 믿을 수 있다는 둥, 법률가 집단의 자화자찬의 말을 그대로 믿을 수 없다는 사실을 아셨으리라 생각한다. 판례에는 반드시 '사정거리射程距離'라는 것이 있는데 그것을 엄밀하게 읽어 나가는 작업은 법학의 기본이다. 하지만 앞서 말한 것 같은 하급심 판례의 흐름은 많은 하급심 재판관들이 이 작업을 제대로 행하지 않았다는 사실을 보여주는 것이다. 또한 '수해소송은 어쨌든 기각하는 것이 안전하다, 섣불리 인정하여 최고재판소의 역린逆鱗을 건드리면 큰일이다'라는 재판관들의 마음도 쉽게 읽을 수 있다. 그렇지 않다면 일반인이 상식적으로 생각해봐도 틀림없이 이상하다고 여길 다마가와 수해소송 항소심 판결과 같은 판단이 나올 리가 없다.

이와 같은 경향은, 즉 시대와 사회의 흐름이 나쁜 방향으로 흘러가고 있을 때, 거기에 제동을 걸어 국민과 시민의 자유와 권리를 지켜야 한다는 사법의 기본적 역할 중 하나를 일본의 재판소, 재판관에게는 거의 기대할 수 없다는 사실을 의미한다. 추종과 사대주의에 사로잡힌 재판관이 시대의 분위기와 '흐름'을 좇고 판결의 대세에 따라 자신도 함께 휩쓸려 갈 것이 뻔하기 때문이다. 이런 의미에서 국민이나 시민도 각 판결의 결론만을 보고 그것을 평가하는 자세를 바꿀 필요가 있다. 그러니까 재판관의 전체적인 자세도 중요하다는 말이다. 국민·시민의 자유와 권리가 침해당하고 있을 때, 거기에 맞서줄 것을 추종형 재판관에게는 기대할 수 없으나, 독립형 재판관에게는 기대할 수 있기 때문이다. 미국뿐만 아니라 일본에서도 2013년에 특정 비밀의 보호에 관한 법률이 성립됨에 따라, 국민·시민의 기본적 인권, 각종 자유, 특히 알 권리와 표현의 자유를 제한하는 방향으로의 정치 움직임이 분명해져가기 시작한 오늘날, 이 점을 특히 강조해두고 싶다.

그리고 일본 재판소, 재판관이 새로운 판단을 싫어하는 경향이 강하다는 사실의 한 예를 들어보겠다.

야간, 아주 어두운 장소에 불법 주차한, 그것도 뒷면이 더러워진 대형 트럭에 오토바이가 충돌한 사안에 대해 종전 판례의 흐름과 다른 법리와 지표를 세워 주차 차량의 과실이 더 크다(65%)고 판단한 내 판결에 대해서, 판례집의 해설자가 중요한 부분에 그어야 할 밑줄을 판결의 핵심 부분에 긋지도 않고 '본 판결의 판단은 종래의 판례의 흐름에 따른 것이다'라고 말도 안 되는 해설을 했다는 사실이다(2001년 1월 26일, 지바 지방재판소 판결에 대한 판례시보 1761호 91쪽 해설. 도쿄 지방재판소 교통부, 혹은 예전에 거기에 소속되어 있던 재판관에 의한 것이라 추측된다. 같은 판결에 대한 판례타임스 1058호 220쪽의 해설과 비교해보면 차이를 잘 알 수 있다).

내 판결을 비판하고 싶다면 판례집에 이름을 밝히고 판례 비평을 싣는 것이 가능할 테고 무기명의 코멘트라 할지라도 내 판결의 어디가, 어떻게 이상한지 논리정연하게 지적하면 된다. 그렇게 하지 않고 앞의 예처럼 왜곡된 코멘트를 쓰는 것은, 제대로 된 비판을 하지 못하기 때문이며, 그럼에도 불구하고 그 결론에는 반대하고 싶었기 때문(그 영향력을 축소시키고 싶기 때문)임이 분명하다고 말할 수밖에 없다. 왜 그렇게 왜곡된 방법을 써가면서까지 새로운 판례의 전개를 틀어막으려는 것인지 참으로 이해할 수가 없다.

이 판결은 무조건 충돌한 차가 잘못이라고 결정해놓고 재판에 임하는 기존의 흐름에 반성을 촉구한 판단으로, 단독사건의 판결이었음에도 불구하고 3대 신문에 크게 보도되었으나, 결국은 아직까지도 독립된 판례로 남아 있다.

| 사법판단 활성화의 필요성 |

현재 일본의 상황은 예전과는 전혀 다르다. 선진국들이 전반적으로 구조적 불황과 높은 실업률에 허덕이고 있고, 특히 일본은 인구의 역피라미드 구조와 국가의 채무 초과가 심해서 젊은이들은 미래에 대한 충분한 희망을 갖고 있지 못하다.

이러한 상황에서 사법에 기대되는 역할은 지금까지처럼 존재감이 약한 것이 아니라 사회나 사람들이 나아가야 할 새로운 방향을 제시하는 것, 적극적으로 미래를 지향하는 것이어야 할 것이다.

물론 행정소송이나 국가배상청구소송에 대해서는 수십 년 전에 비해 영역이 넓어졌다고 생각한다. 하지만 그것은 당시 일본의 재판이 이러한 점에 있어서 근본적인 문제점을 내포하고 있었기에 부당한 각하, 기각 판결이 많았던 것에 대한 결과이며, 현재 상황도 사법에 기대되고 있는 역할을 만족스럽게 수행하고 있다고는 생각되지 않는다. 사회가 변화하고 있는 것만큼 사법이 변화하고 있지 못한 것은 분명한 사실이며, 일부 재판관의 독립된 판단을 제외하면 사회의 흐름에 따르는 최소한의 미세한 조정을 하는 수준의 변화에 그치고 있다는 생각이 든다.

하지만 지금의 캐리어시스템에서 미래지향적인 재판관의 역할을 기대하기는 어렵지 않을까?

무엇보다 지금의 최고재판소, 특히 최고재판소 장관과 사무총국이, 그리고 재판관의 다수파가 사법의 역할에 관한 명확하고 민주적인 비전 등을 대체 어느 정도나 갖고 있다고 말할 수 있을까?

만약 지금의 재판소, 재판관에게 사법의 역할에 관한 명확하고 민주적인 비전이 있었더라면, 예를 들어 정치인이나 관료의 지금과 같은 행태, 특히 이익단체와의 유착이나 '백성을 어리석은 채로 두라'는 식의 정책을 옹호하는 판결, 그리고 원자력발전소 멜트다운meltdown과 광역 방사능오염 등처럼 엄청난 사태를 사전에 억제하기에 충분한 판결이, 혹은 적어도 그와 같은 방향으로 나아가기 위해 깊이 생각한 양심적이고 양식적인 판결이 독립된 극소수의 판결로서가 아니라, 좀 더 폭넓고 강력한 흐름을 구성하는 판례군으로 존재할 수 있지 않았을까?

| <그래도 나는 하지 않았다>는 당신에게도 일어날 수 있다 |

일본 형사사법에는 민사사법보다도 더욱 큰 문제가 있다. 재판원제도裁判員制度 도입과 그에 대한 언론의 관심으로 인해 일본의 형사사법 전체가 아무 문제 없이 민주적으로 운영되고 있다는 환상이 사회에 퍼져나가는 경향은 없는지, 나는 그것을 걱정하고 있다.

일본 형사사법의 가장 큰 문제점은 그것이 철저하게 사회 방위防衛에 중점을 두고 있으며, 또 철저하게 검찰관 주도여서 피의자나 피고인의 인권에는 무관심하기 때문에 억울한 죄를 낳기 쉬운 구조가 되어 있다는 점이다.

예를 들어 경미한 사건에 대해 필요 이상의 장기 구류(피의자 구류. 대부분의 경우는 10일이나, 제도상으로는 20일까지 연장이 가능. 부인하면 20일 동안 구류 당하게 된다. 체포에서 구류까지의 기간을 합하면 최대 30일이 된다), 그것이 구치소가 아니라 경찰서 내부의 대용형사시설代用刑事施設(이른바 대용감옥)에서 행해지기 때문에 시도때도 없이 수시로 취조가 행해진다는 점, 그리고 그 기간 동안 피의자가 변호사와 면담 가능한 시간이 매우 제한되어 있다는 점 등의 문제가 있다.

일본 재판관의 영장처리에서 가장 문제가 되는 것은 구류영장이다. 체포영장에 대해서는 그럭저럭 제대로 된 심사가 행해지고 있다고 생각하나, 구류영장에 대해서는 구류의 필요성에 관한 심사가 허술하게 이루어져, 자택에 머물면서 수사를 받아도 충분한 경미한 범죄에 대해서까지 거의 무조건적으로 구류가 행해지고 있다. 아르바이트 학생이 카운터에서 2000엔을 훔쳐서 구류, 전철 안에서 취객의 작은 소지품을 훔쳐서 구류, 500엔짜리 물건을 훔쳐도 구류다. 구류 당하면 직장이나 학교에 그 사실이 알려지기 때문에 그것만으로도 치명적인 불이익을 당하게 된다.

그런데 주의할 것은 당신이 정말로 '하지' 않았는데 체포당한 경우에도 부인하면 장기간의 구류를 면할 수 없다는 사실이다. 이처럼 신병구속에 의한 정신적 압박을 이용해서 자백을 받아내는 방법을 '인질사법人質司法'이라고 하는데 이는 일본 형사사법의 눈에 띄는 특징이자 억울한 죄의 온상이 되고 있다.

추행범으로 몰린 억울한 죄에 대한 영화 <그래도 나는 하지 않았다>(스오 마사유키 감독, 2007년)는 사실 내게 특별히 충격적인 것도, 흥미로운 것도 아니었다. 왜냐하면 그와 같은 사태가 언제든 일어날 수 있는 것이 일본 형사사법의 실태임은, 제대로 된 법률가라면 누구라도 알고 있는 사실이기 때문이다. 순수한 영화로서는 잘 만들어진 작품이기는 하나 특별한 것이 있다고는 생각되지 않았다. 오히려 억울하게 사건에 휘말린 인간의 공포와 굴욕이 충분히 묘사되어 있지 않아 안타깝게도 리얼리티의 부족함을 느꼈다. 사실 갑자기 체포, 구류, 재판을 받게 되었을 때 영화 속 주인공처럼 당당함을 잃지 않는 사람은 극히 드물다.

실제로 법률가라 할지라도 체포에 이은 20일 동안의 구류와 그 기간 동안의 혹독한 심문에 견딜 수 있는 사람은 그리 많지 않다. 한 변호사가 사무실의 후배들에게 "만약 추행범으로 누명을 쓰게 될 것 같으면 상대방 여성에게 명함을 건네주고 그 자리에서 벗어나야 해(그 자리에서 벗어나면 신병을 구속하기 위해서는 체포영장이 필요하다). 현행범으로 체포, 구류되어 버리면 그것으로 끝장이야"라고 말했다는 소리를 들었는데, 과장이라고는 할 수 없다는 생각이 들었다.

그리고 덧붙이자면, 일본의 형사사법에는 조작에 의해, 혹은 일반적으로는 처벌받지 않는 형식적인 행정법규 위반 등을 내세워 국가나 권력자의 심기를 건드리는 인물을 체포, 구류하고 불필요한 압수수색으로 그 사람의 사생활을 파괴하여 결정적인 타격을 주는 일도 가능해지는(그와 같은 음모의 온상이 될 수 있는) 면이 있다는 사실도 꼭 인식해두어야 한다.

다음으로 일본의 형사사법 시스템에서 유죄, 무죄를 실질적으로 결정하는 것이 사실은 검찰관인 경우가 많으며 재판관은 그것을 심사하는 역할에 지나지 않는다. 따라서 무죄가 매우 보기 드문 예외가 되어버렸다는 사실도 큰 문제이다.

이와 같은 제도 하에서는 검찰관이 자의적으로 기소, 불기소를 결정하게 되기 때문에, 예를 들어 강간이나 횡령 등 입증이 비교적 어려운 사안에 대해서 검찰관은 무죄가 될 가능성이 조금이라도 있다고 생각되면 입건하지 않는다. 무죄는 검찰관 경력에서 실점, 오점이 되기 때문이다. 피해자는 눈물을 삼키며 잠자리에 들 수밖에 없다.

일본의 경찰은 민사불개입民事不介入이라는 원칙을 채택하고 있어서 명백한 사기, 횡령, 부동산침탈 등의 사안에 대해서도 민사 분쟁이라 여겨지면 일절 개입하지 않는데 이것도 앞에서 얘기한 검찰관의 태도에 그 원인이 있지 않을까 싶다.

또한 형사계 전문 재판관에게는 검찰 측에 유리한 선입견을 갖기 쉬운 경향이 있는 데다, 여기에다 담합재판의 성격이 더해져 피고인, 변호사, 재판원이 없는 자리에서 검찰관과 재판관이 이야기를 나누는 사태도 충분히 생각해볼 수 있다.

내가 재판관 시절, 이미 퇴임하고 변호사가 된 분(이름은 알지만 그 전까지 일면식도 없는 사람이었다)으로부터 특정 사건에 대한 선입견을 갖게 하려는 듯한 전화를 두 번 받은 적이 있었는데 모두 전직 형사계 재판관이었다. 이는 물론 결코 해서는 안 되는 일로, 이러한 사항에 대한 형사계 재판관의 도덕관념이 일반적인 재판관에 비해서 낮다는 사실을 엿볼 수 있는 대목이다.

형사재판의 제1원칙이 무엇인가? 그것은 분명 '의심스러울 때는 벌하지 말라', '의심스러울 때는 피고인에게 유리하게', '열 명의 진범을 놓칠지라도 한 사람의 무고한 자를 만들지 말라'는 것이다.

민사재판 입증의 경우 '일반인이 의심을 품지 않을 정도'면 충분하지만 이와 달리 형사재판의 입증은 '합리적인 의심을 품을 여지가 없을 정도'로 행해져야 한다는 말이 이 사실을 의미한다.

하지만 일본의 형사재판은 자칫 원칙에서 벗어나 '의심스러울 때는 벌하라', '의심스러울 때는 피고인에게 불리하게', '열 명의 무고한 자를 만들지라도 1명의 진범을 놓쳐라'라는 방향으로 흘러가기 쉽다. 바로 거기서부터 예를 들면 추행의 억울한 죄가 거리낌 없이 많이 발생하는 사태가 일어나는 것이며, 또 그와 같은 경향은 추행 범죄에 한정된 것만도 아니다.

여기서도 '나쁜 놈 열 명을 놓치느니, 1명 정도 누명을 쓰고 괴로워해도 어쩔 수 없다'는 생각은 절대로 해서는 안 된다. 그 '1명'이 당신, 혹은 당신의 가족이나 친구가 될 수도 있다고 생각해야 할 것이다.

| 재판원제도의 배심원제도로의 이행이 필요한 이유 |

여기서 형사재판과 관련한 재판원제도에 대해서 논해보기로 하겠다.

재판원제도에 대해서는 제2장에서 제도 도입 동기와 목적에 대해 언급한 바 있다. 그것은 상층부 형사계 재판관들이 민사계에 대해서 오랫동안 열세에 있던 형사계 재판관의 입지를 다시 강화하고 동시에 인사권까지도 장악하려는 의도가 있었음을 부정할 수 없다는 사실을 지적했다.

하지만 여기서는 주로 제도 개혁의 바람직한 목적, 기능의 실현이라는 관점에서 분석하고 재판원제도의 개선책과 장래의 방향성에 대해서 논해보기로 하겠다.

우선 제도 개혁에 대해서는 현재의 문제점을 분명히 한 뒤, 문제점의 극복을 목표로 삼아야 할 것이며, 현재의 상태를 바꾸는 것만을 목적으로 하는 것(개혁을 위한 개혁)이어서는 안 된다.

이는 제도 개혁의 기본 중의 기본이라고 할 수 있는 사항인데도 일본에서는 이 원칙이 반드시 지켜지고 있지 않다. 특히 재판원제도에 대해서는 앞서 말한 '형사계 재판관의 강화'와 같은 불순한 동기가 있기 때문에 이러한 관점에서 보더라도 문제가 큰 제도가 된 듯한 느낌이다.

재판원제도의 목적은 흔히들 '시민의 사법 참여'라고 이야기한다. 그야 물론 의미 있는 일이라고 생각하나, 보다 근본적인 목적은 '형사재판 제도의 개선'이며 특히 '억울한 죄의 방지'이다. 또한 '국민의 법 교육'에 대해서는, 보다 적절하고 비용 부담이 적은 다른 방법을 얼마든지 생각할 수 있는데도 단순히 법 교육을 위해 국민에게 시간적 부담, 세금 부담을 지운다는 것이 정당화되기는 어렵다고 생각한다. 그리고 재판이라는 '무대'를 통해 재판관이 국민을 교육하겠다는 발상에는 '퍼터널리즘(paternalism, 주권적, 가부장적, 간섭주의적 후견주의)'의 의심이 크게 느껴진다.

그런데 지금의 재판원제도는 '형사재판 제도의 개선', '억울한 죄의 방지'는 물론 '시민의 사법 참여'라는 목적에 있어서도 적절한 제도라고는 생각하지 않는다.

첫 번째로, 일정 범위의 중대 사건 전부에 대해 재판원제도를 시행할 필요는 없다. 반면, 경미한 사건에 대해서도 앞에서 말한 목적은 마찬가지로 실현되어야 한다.

따라서 중대한 사안에만 한정짓지 말고 '부인否認 사건 전부'에 관해서 '선택제' 제도로 해야 할 것이다. 피고인이 기소사실을 인정하는 사건에 있어서, 실질적으로 보면 단지 양형을 결정하기 만 하면 되는데도 여러 명의 재판원을 장시간 붙잡아 두는 것은 좋지 않으며, 비용적으로도 불필요한 지출이라는 의견이 형사계 재판관들 사이에도 존재한다. 단지 재판소 당국이 재판원제도에 대한 비판의 목소리를 억누르고 있기 때문에 겉으로 드러나지 않을 뿐이다. 재판원의 시간적 정신적 부담은 물론, 그 일당만 해도 1인당 1만 엔 가까이 들며, 재판원 재판은 재판소 측에서도 일손이 많이 가는 일이어서 거기에 신경을 써야 한다는 것은 당연히 그만큼 다른 업무, 즉 민사재판 등에 영향을 끼치는 결과를 낳게 된다는 사실도 생각해봐야 한다.

그리고 양형에 대해서는 내가 미국의 주州재판소에서 본 것처럼, 혹은 일본의 소년심판에서처럼 기본적으로는 조사관(일본으로 말하면 가정재판소 조사관)의 과학적 조사에 맡기는 방법도 충분히 고려해볼 수 있다. 또한 피고인이 원치 않는 사건에 대해 재판원재판을 할 필요성도 별로 없다고 생각한다. 나는 재판소 당국이 부인 사건뿐만 아니라, 피고인의 선택권을 무시하는 재판원제도를 원하는 가장 큰 이유는, 분명히 말해서 형사계 재판관의 기반을 강화하고 권익을 확보하기 위한 목적을 위해서가 아니었을까 생각하고 있다.

그렇게 할 것이 아니라 피고인이 다투기를 원한다거나, 혹은 시민의 판단을 구하는 사안에 한해서, 혹은 그와 비슷한 사안에 대해서는 일반적으로 재판원재판의 기회를 보장해주어야 한다.

억울한 죄는 억울한 추행범 등과 같이 비교적 작은 사안에서 좀 더 많이 발생할 수 있다는 것은 당연한 일이며, 또한 그와 비슷한 사안에 대해서 시민의 사법적 감각이 더욱 발휘되지 않을까 생각되기 때문이다.

두 번째로, 합의체에 3명이나 되는 재판관이 들어갈 필요는 없다. 정말로 시민을 신뢰하고 있다면 어째서 3명이나 되는 재판관이 6명의 재판원과 함께 합의체에 들어갈 필요가 있는지 매우 의문스럽다. 독일 제도와의 유사성을 들지도 모르겠으나 독일의 제도라고 해서 전부 좋은 것은 아닐 터이며, 독일에서는 제2차 세계대전 이후의 사회・제도 개혁 속에서 재판관 제도에 대해서도 철저하게 민주화가 이루어졌다는 사실에 유의해야 할 것이다.

일본의 재판관, 특히 형사계 재판관의 문제점에 대해서는 앞에서 얘기한 바 있지만 재판관 전체를 놓고 봐도 특히 문제가 커서 독일과는 사정이 완전히 다르다.

이에 대해 재판관이 재판원을 참여시킴으로써 변화를 기대할 수 있지 않을까 하는 의견도 있으나 이 점에 대해서도 그 같은 효과는, 민사재판에서 재판관이 쟁점 정리나 화해로 당사자 본인과의 접촉으로 인해 발생하는 효과와 크게 다를 바 없다. 그리고 형사계 재판관에게는 지금까지 그 같은 기회가 없었다는 점을 생각해본다면 약간의 효과도 있으리라고는 생각되나 기껏해야 그 정도일 것이라고 보는 의견이 역시 재판관들 사이에서도 강하다. 대외적인 얼굴과 내면의 얼굴을 교묘하게 분리해서 사용할 줄 아는 일본의 관료재판관, 특히 그 중에서도 이러한 경향이 강한 형사계 재판관의 본질, 체질이 그런 일로 크게 바뀌리라고 기대하는 것은 너무나도 낭만적이지 않을까 나는 생각한다. 또 앞에서 말한 것처럼 작은 효과를 위해 그렇게도 많은 비용(예를 들어 2011년 예산에서는 41억 4000만 엔이었는데 그것은 단지 직접비용에 지나지 않으며, 재판원이나 재판관, 재판소 서기관 등의 눈에 보이지 않는 비용을 더욱 중시해야 할 것이다)이 합당한 것이라고는 도저히 여겨지지 않는다.

이상과 같은 점에 관해 다니엘 H. 푸트 교수의 ≪이름도 없는 얼굴도 없는 사법≫, 특히 289쪽의 서술에 대해서도 법사회학자의 분석으로는 날카롭지 못한 면이 있지 않나 생각한다. 내 주위의 학자 중에도, 내가 알고 있는 민사소송법학자 중에도 재판원제도가 재판관에게 줄 효과에 대해 그처럼 희망적인 기대 내지 환상을 품고 있는 사람은 거의 없다.

세 번째로 재판원에게 씌워진 비밀준수 의무의 범위가 너무 광범위하며, 위반했을 경우의 형벌이 지나치게 과중하다는 점이다. 단지 '평의의 비밀'에 그치지 않고 '평의 비밀 및 그 외에 직무상 알게 된 비밀'이라고 거미가 그물을 쳐놓은 것처럼 매우 포괄적인 표현을 쓰고 있으며, 더구나 징역형으로 담보되어 있다(재판원이 참가하는 형사재판에 관한 법률 제108조).

다른 소송법에서는 그 예를 쉽게 찾아볼 수 없을 정도로 이 조문의 거창함과, 찬합의 구석까지 이쑤시개로 들쑤시듯이 자잘한 부분에까지 신경을 쓴 세세함은, 그야말로 편집광적인 인상을 준다. 이 조문을 작성한 사람이 얼마나 국민과 시민을 믿지 못하며, 시의심猜疑心에 사로잡혀 있는지를 잘 알 수 있을 테니, 법전을 펼쳐 꼭 읽어보시기 바란다. 배심제를 도입한 다른 국가에서 만약 이런 입법을 하려 한다면 커다란 반발이 있을 것이다. 이것만 해도 비상식적이다. 이 조문의 목적은 재판관이 재판원을 억지로 설득했다는 등의, 재판소에 불리한 사실이 재판원들을 통해 새어 나가는 것을 방지하기 위한 것이라고 보면 틀림없다. 이처럼 큰 문제가 있는 조문을 국회의원과 변호사가 왜 그냥 보아 넘겼는지 나로서는 이해할 수가 없다. 비밀준수 의무의 대상은 평의에서 의견을 구체적으로 발언한 사람의 이름과 개인의 프라이버시에 한정해야 할 것이다.

한편 독일의 제도에서 평의는 재판원에 해당하는 참심원이 먼저 의견을 말하고, 참심원 중에서도 젊은 사람부터 순서대로 의견을 얘기하는데, 이것이 적절한 규율이라고 생각한다. 하지만 일본의 제도에 그와 같은 규율은 물론 없다.

이상과 같은 문제점은 조속히 개선되어야 하며 그를 위한 법 개정이 필요하다고 생각한다.

또한 재판원 사퇴 사유에 대해서도 정신적 손상을 입을 우려가 있는 경우를 정식으로, 그리고 관대하게 인정해야 할 것이다. 형사재판, 특히 중대 사안의 증거 중에는 끔찍한 사진이 포함되어 있는 경우가 많은데, 민사계 재판관이었던 나 자신도 체포영장이나 구류영장 청구서에 첨부되어 있는 한두 장의 사진만 봐도 한동안 머릿속에 각인되어 지워지지 않았던 적이 있다. 그러한 것에 약한 사람에게는 견딜 수 없는 경우가 얼마든지 있을 수 있으리라 여겨진다. 한편 미국에서는 이러한 증거가 배심원의 이성적인 판단을 방해할 우려가 있다는 관점에서 재판관에 의해 증거 배제되는 경우도 많다. 애초부터 재판원에게 보이는 것이 마땅한가 하는 문제가 있다고 생각한다.

이상과 같은 점을 고려하여 나는 지금의 재판원제도에 대해서 앞서 말한 것들을 개선함과 동시에, 가능한 빨리 선택제 배심원제도로 이행할 것을 제안한다. 그와 같은 제도야말로 '형사재판 제도의 개선', '억울한 죄의 방지', '시민의 사법 참여'라는 목적에 합당한 것이라고 생각하기 때문이다. 배심제를 채택한다 해도 사실인정, 쌍방의 법률문제에 대해서 재판관이 배심원에게 자세히 알기 쉽게 설명하는 것은 충분히 가능하며, 만약 아무래도 법률의 비전문가에게만 맡기는 것이 불안하다고 생각한다면, 미국에서 상당히 정중하게 행해지고 있는 것처럼 보다 상세하게 설명을 하면 될 것이다.

다시 말해 중대 범죄뿐만 아니라 모든 범죄에 대해서도 피고인에게 선택권을 주는 배심제(유죄·무죄의 판단은 배심원들끼리 결정한다)로 이행시키고, 배심원에게 법률적인 면을 설명하는 재판관은 1명으로 하고 그 설명도 시민이 감시할 수 있는 공개 법정에서 하는 방향(배심심리를 원칙으로 한다는 점을 제외한다면 기본적으로는 미국의 배심제와 동일한 방향)이 적절하다고 생각한다. 이와 같은 형태로 재판원제도의 실적을 쌓아나가야 하며, 또 그러한 제도가 되어야만 '시민의 사법 참여 실현', '형사재판 제도의 개선', '억울한 죄 방지'라는 목적도 충분히 달성할 수 있으리라 여겨지기 때문이다.

| 절차보장 감각이 둔감해진 가정재판소 |

가정재판소에 대해서도 간단히 언급해 보겠다.

이것도 어디까지나 일반론에 지나지 않으나 일본의 캐리어시스템에서 가정재판소는 주목을 받지 못하는 부서라 여겨져 왔으며, 요즘에는 어느 정도 개선된 감이 있으나 고령의 재판관들에게는 역시 한직이라는 경향은 부정할 수가 없다.

거기서 발생하는 문제점은 기업의 경우와 다르지 않다. 의욕을 잃는 재판관이 늘어간다는 점이다. 특히 가사조정은 조종위원에게 맡기고 재판관은 실질적으로 거의 관여하지 않는 경우가 종종 있다. 그런데 이 조정위원이 반드시 그 자질이 보장된 사람이 아니라는 점이다. 나이가 많고 어느 정도 명사라 여겨지는 사람들이 임명되는 자리이기 때문에 아내의 입장에 대한 배려가 부족하거나, 당사자의 말을 제대로 듣지 않고 잔소리만 하거나, 재판관에 의한 화해의 경우처럼 강요나 강제를 행하기 쉽다는 등, 이러한 사례에 대한 변호사의 불만을 여러 번 들은 적이 있다(전형적인 것이 이혼 소송에 앞서 행해지는 이혼조정이다). 조정의 강요는 법률의 문외한이 하는 것이기에 재판관에 의한 화해의 강요 이상으로 큰 문제가 될 가능성이 있다. 특히 변호사를 선임하지 않은 당사자는 방어해 줄 사람이 없기 때문에 딱한 일을 당하게 될 가능성이 높다.

가정재판소계 재판관의 또 다른 문제점은 소송법의 대원칙인 '절차보장'에 대한 인식이 둔감하다는 점이다. 얼마 전 가사사건 절차법이 제정되기 전까지 가사사건 당사자는 변론권, 입회권, 가정재판소 조사관에 의한 조사보고서 공개 요구권 등, 민사소송에서는 기본 중의 기본이라 여겨지는 권리조차 제대로 보장받지 못했었다. 신청서조차 상대방에게 송달되지 않고, 그 외의 제출서류에 대해서도 상대방은 제출되어 있다는 사실 자체를 알 기회가 없는 등 상식적으로 봐도 문제가 많은 절차가 진행되고 있었다(스기모토 다카코 <가사사건과 공정함> 다니구치 야스헤이·사카모토 가즈오 편저 ≪재판과 공정함≫에 수록).

이는 일본의 재판관 일반, 특히 가정재판계 재판관에게서 두드러진 권위주의적 사고방식과 관계가 있다. '윗사람'인 재판관이 잘 알아서 처리해줄 테니 당사자인 일반 국민이나 시민 따위는 입 다물고 거기에 따르면 된다는 사고방식이다.

벌써 조금은 오래 되었지만 예를 들어 만화 ≪가정재판소의 사람≫(모리 진파치 원작, 우오토 오사무 작화)에도 이러한 권위주의 사상이 잘 나타나 있다. 고등재판소 장관(후에 최고재판소 판사가 된다)의 아들인 구와타 판사는 매우 우수함에도 불구하고 지방의 가정재판소나 그 지부를 희망하여 부임한다. 때로는 직접 나서서 사실관계를 살펴보기도 하는데 가부장적 온정주의와 엄격함까지 함께 갖추고 있는 이 재판관은 분명히 <오오카 에치젠>* 이나 <도오야마노 긴산>**의 좀더 세련된 현대판이다.

물론 ≪가정재판소의 사람≫에 묘사되어 있는 것처럼, 복잡한 절차 따위는 신경 쓰지 않고 모든 말을 들어주고, 이해해주고, 자신을 도와주는 재판관에 대한 사람들의 기대와 소망에는 무시할 수 없는 소중한 것이 있다고 생각한다. 바로 그런 이유로 이 작품이 널리 사랑을 받은 것이리라.

하지만 구와타 판사가 만화의 주인공이 아니라 현실 속 재판관이고, 또 구와타 판사와는 달리 현실 속 재판관인 그가 '사실은 전혀 그렇지 않은데 자신이 구와타 판사처럼 훌륭한 인물이라는 환상을 품고 있는 인물'이라면 어떻게 될까? 틀림없이 당사자에게 있어서 그의 독선이나 자만심은 일반적인 재판관의 경우 이상으로 견딜 수 없는 것이리라. 그런데 실제로는 구와타 판사는 만화

---

*오오카 에치젠: 역사상의 실존인물인 오오카 다다스케를 주인공으로 한 역사소설 및 텔레비전 드라마. 주인공은 에도의 관리로 성실하고 법을 중히 여기는 정의로운 사람이지만, 약자에 대해서는 정상을 참작하는 등 인간미 넘치는 면을 가지고 있다. 악인은 절대로 용서하지 않고 단호하게 무거운 벌을 내린다. _옮긴이 주

**도오야마노 긴산 : 에도시대의 관리 도오야마 가게모토를 주인공으로 한 시대극. 주인공은 무뢰한과 같은 모습으로 거리를 활보하다 악당을 쓰러뜨린 뒤 부하들에게 포박하게 하고, 재판소로 끌고 가 악당을 엄하게 재판한다. _옮긴이 주

속 인물이며, 현실 세계에는 '자신이야말로 구와타 판사와 같은 재판관이라고 멋대로 착각하고 있는 재판관'이 훨씬 더 흔하다는 사실도 생각해볼 필요가 있다.

다시 말해 ≪가정재판소의 사람≫을 좋아한다고 공공연히 떠들고 다니는 법률가의 감성에는, 그 사상이나 이념과는 상관없이 재판을 온정주의 혹은 고풍스런 로맨티시즘 감상과 함께 받아들여, 그런 의미에서 권위주의적으로 쏠리는 경향이 매우 많다고 할 수 있다. ≪가정재판소의 사람≫은 일반 독자뿐만 아니라 상당수의 법조인들로부터도 칭찬을 받았으며, 지지자들 중에는 좌파 재판관이나 변호사까지 포함되어 있다. 그런데 좌파의 사상과 ≪가정재판소의 사람≫의 권위주의가 깊은 갈등 없이 연결되어 버린다는 사실이야말로 일본의 사상 상황이 보여주는 특유의 문제점 중 하나라고 생각한다.

혹시 나 자신이 재판을 받아야 한다면, 나는 구와타 판사 같은 일종의 슈퍼맨이 아니라 우수하고 안목도 넓지만 자기 능력과 자신이 할 수 있는 일의 한계에 대해 겸허하게 인식하고 있는 평범한 인간인 재판관이 담당해 주었으면 하는 바람이다.

| '재판관은 바쁘다'라는 신화 |

일본의 사법에는 근거도 없는 여러 가지 신화들이 존재하는데 그 중 하나가 '일본의 재판관들은 매우 바쁘다'라는 신화다.

이 말은 '그렇기 때문에 재판관은 좋은 재판을 할 수 없다. 따라서 재판관을 더 늘려야 한다'는 주장의 일환으로 옛날부터 사용되어 왔는데, 특히 좌파 법률가가 중심이 되어 퍼뜨린 부분이 있고 그러한 책을 보면 판박이처럼 반드시 이와 같은 내용이 적혀 있다. 그리고 학생들의 리포트도 별로 깊이 생각하지 않는 사람일수록 이처럼 틀에 박힌 신화에 의존해서 쓰려는 경향이 강하다.

하지만 전체적으로 봐서 정확하지 않다고 할 수 있다.

우선 재판관이 바쁘다는 말에 대해 살펴보면, 내가 보고 들은 바에 의하면 도쿄 내지 인근 재판소의 민사재판관, 미제사건이 쌓여 있는 재판소나 그와 같은 파트에 있는 재판관은 분명 비교적 바쁜 경우가 많지만, 그런 경우를 제외하면 사실 현시점에서 재판관의 부담은 그렇게 무겁지 않다고 생각한다. 세상에는 바쁜 직업이 얼마든지 있으며, 고도의 전문직일수록 바쁘지 않은 경우가 거의 없다고 할 수 있다.

재판관의 업무에는 신경 써야 하는 부분이 있어서 분명 스트레스는 많을지 모르나, 그 원인은 제도적 문제에 의한 부분이 크고(다시 말해 개선 가능하다), 또 바쁜 정도에 대해서는 전문직 중에서 대체적으로 평균적인 수준이 아닐까 싶다. 그리고 경력 후반부에는 연봉 약 2000만 엔이나 되는 재판관의 고수입은 어느 정도 바쁜 업무를 고려한 것이라 생각한다(예를 들어 미국의 주 지방재판소 판사의 연수입보다 훨씬 더 많다).

구체적으로 살펴보기 위해 우선 재판소 통계를 보면, 2012년도 지방재판소의 새로운 소송 건수는, 민사(행정을 포함)의 경우 최고조였던 2009년에 비해 74.9%로, 형사는 최고조였던 2004년도에 비해 67.5%로 감소(집행, 보전, 파산 등과 같은 소송사건 이외의 사건을 포함한 2012년 지방재판소 전체의 새로운 사건 접수 건수는 최고조였던 2003년과 비교해, 민사에서는 49.4%, 형사에서는 74.0%로 감소)했다.

한편 <변호사 백서>에 의하면 재판관 수(간이재판소 판사는 제외)는 2003년부터 2012년까지 122.2%로 증가했다. 실제로도 민사에서는 판례가 전부 나와 있어 대부분이 화해, 취하로 끝나버리는 소비자금융 과불 이자 반환청구 소송이나, 대개 1회로 끝나는 건물명도 청구소송이 차지하는 비율이 최근 들어 많아졌으며, 형사에서는 재판원제도 도입에 따라 인원을 상당수 증원했기 때문에(일의 양을 놓고 보면 원래부터 형사 쪽의 부담이 덜한 경향이 있었는데 그러한 경향이 더욱 커졌다) 매우 한가한 경우가 많다고 형사계 재판관들로부터도 들었다. 이상과 같은 점만 봐도 현재 재판관의 부담이 예전에 비해 상당히 가벼워졌다는 사실을 분명히 알 수 있다.

그리고 재판관이 일을 처리하는 방법에서는 여전히 효율적으로 개선할 여지가 있다는 점을 지적해두고 싶다. 나는 평범한 재판관으로 일하면서 상당한 양의 책과 논문을 썼는데 그러기 위해서는 당연히 그에 상응하는 노력과 궁리가 필요했다. 그런데 그럴 여지가 있다는 것은 상당한 저술을 했다는 사실로도 알 수 있지 않을까? 한편 학자가 된 뒤에도 나의 노동시간은 전혀 줄지 않았으며 오히려 늘어나고 있다. 다시 말해서 교육뿐만 아니라 연구에도 몰두하는 한, 시간적 여유는 학자 쪽이 더 부족하다. 그리고 노동시간만을 문제로 삼는다면 바쁜 변호사에 비해 재판관은 비교도 되지 않는다.

일본의 민사재판관은 한꺼번에 여러 소송사건을 끌어안고 있다는 말을 흔히 들을 수 있다. 하지만 그것은 일본 민사재판 특유의 여러 사건을 동시에 병행하는 심리방식의 필연적인 결과이다(이 방식은 띄엄띄엄 있는 재판 기일에 맞춰서 소송기록을 다시 읽어야 하기 때문에 결코 효율적이라고는 말할 수 없다).

내 경험을 보면 1년 동안의 새로운 사건, 혹은 기제(종결) 사건의 숫자는 일본 지방재판소에서 대략 360건 전후인 경우가 많았다. 그 가운데 어느 정도 중요한 사건은 90건 정도일 것이다. 한편 미국의 연방 지방재판소의 재판관이 담당하는 사건(새로운 사건이라 여겨지는)은 2004년에 연간 480건이었다(모리슨 포스터 외국법사무변호사무소 ≪미국의 민사소송(제2판)≫ 11쪽. 최근의 통계에서 산출해도 대략 위와 비슷한 숫자가 나온다). 제도가 전혀 다르기 때문에 단순히 수치만으로 비교할 수 없지만, 사건의 내용을 살펴보면 연방 지방재판소의 사건은 나름대로 중대한 사건이 많다고 할 수 있을 것이다.

그리고 재판관의 연구회나 위원회 등 각종 모임은 거의 대부분

사무총국이 내세우는 방침을 구체화하기 위한 방법을 모색하는 것(재판관의 공동논문이나 연구보고서 제목에 '방책'이라는 단어가 들어가 있는 것은 거의 예외 없이 이것이다)이거나, 재판관의 '일체감'을 높이기 위한 친목회 중 하나로, 예를 들어 대학의 연구회와는 전혀 다른 성격이라는 점도 지적해두고 싶다. 특히 형사계 등은 예전부터 술자리가 아주 많기로 유명했다. 이와 같은 쓸데없는 모임을 정리하기만 해도 일에 쓸 수 있는 실질적인 시간이 상당히 늘어날 것이다.

그리고 이것이 가장 중요한 점인데, 그렇다면 '비교적 여유가 있는 재판소의 재판관은 모두 좋은 재판을 하는가' 하는 점이다. 조사해보면 금방 아시겠지만 결코 그렇지 않다. 좋은 재판관은 아무리 바빠도 일정한 수준을 유지한 재판을 하고 있으며, 좋지 않은 재판관은 설령 한가하다 할지라도 성의 없는 재판을 한다.

따라서 '재판관은 바쁘다'라는 신화는 결국 "바빠서 눈코 뜰 새가 없어. 당사자의 사정 따위 신경 쓸 여유가 없어"라는 재판관의 변명을 정당화하는 역할을 하고 있는 것이 아닐까 하는 점을 지적해두고 싶다.

물론 앞으로는 어떻게 될지 모른다. 사건 수가 늘어나거나 어려운 사건이 늘어나면 상황은 다시 바뀔 것이다. 하지만 '바쁜 재판관'이라는 슬로건이, 딱히 틀린 말이라고는 할 수 없지만 매우 과장되어 있으며 기본적으로는 신화에 지나지 않는다는 사실을 잘 아셨으리라 믿는다.

한편 '재판관의 부담을 정확히 측정하기 위해서는 사건의 숫자만 봐서는 안 된다'는 점도 함께 지적해두고 싶다. 재판관을 오래 경험한 사람이 상황을 분석하지 않으면 그 시점에 있어서의 정확한 부담은 파악할 수 없다고 생각한다. 바꿔 말하면 재판관 경험이 많은 사람이 분석하면 부담을 정확하게 평가하는 것이 그리 어려운 일이 아니라는 뜻이다.

틀림없이 재판관의 업무에 여유가 있는 편이 바람직하다고 나는 생각하지만 변호사, 학자, 언론인 등은 신화, 슬로건, 틀에 박힌 생각으로 문제에 접근해서 국민과 시민에게 전달하는 것은, 특히 사법에 대해서는 정말 그만두었으면 하는 바람이다. 문제의 본질을 놓치는 원인, 놓치게 하는 원인이 되기 때문이다.

| 지금의 제도에서 좋은 재판은 기대할 수 없다 |

마지막으로 일본 재판소의 모습, 현상에 대해 총괄적으로 종합해서 고찰해보기로 하겠다.

재판소가 삼권분립의 일익을 담당해서 국회나 내각의 실태를 상시 감시하고, 헌법상의 문제가 발생하면 신속하게 바로잡고, 또 사람들의 인권을 지키고, 강자의 힘을 억제하여 약자나 사회적 소수파를 돕는 사법 본연의 바람직한 힘을 충분히 발휘하는 모습을 참된 의미에서 우리 국민들이 아직 한 번도 본 적이 없다고 나는 생각한다.

이는 나만의 의견이 아니다. 외국의 학자나 지식인은 일본 사회와 정치의 역동성을 분석할 때면 대체적으로 이와 같은 의견을 내놓는다. 물론 좌파 사람들에만 한정된 것은 아니다. 자유주의자, 혹은 중립적인 정치사상을 가진 사람뿐만 아니라 보수적인 사람들까지 같은 분석을 하고 있다. 미국에서 내가 수강했던 아시아법 전문과정 대학원생들의 분석도 마찬가지였다.

일본의 재판소, 재판관은 지금까지 넓은 의미에서의 사회질서 유지와 이해의 조정이라는 측면에서는 나름대로 공헌을 해왔다. 그렇기 때문에 국민·시민의 재판소, 재판관에 대한 평가는 정치가나 행정관료에 대한 평가보다는 높다. 그럼에도 불구하고 국민들 사이에서 사법부의 현재 모습, 재판소의 현재 모습에 대한 불만이나 불신은 여전히 계속되고 있다.

그것은 어째서일까?

그 이유에 대해 이 책에서 나의 33년간에 걸친 재판관 경험과 그보다는 10년 정도 짧은 연구자 · 학자로서의 경험을 바탕으로 여러 가지 분석을 해왔다.

이러한 불만이나 불신에 대해서는 전근대前近代에서 초근대超近代까지가 한데 뒤섞여 있는 일본사회의 독특한 모습이나 사람들이 가지고 있는 의식도 한 원인이라고 생각한다. 그러나 그와 같은 부분, 즉 오해로 인한 부분을 제외하더라도 사람들의 불만이나 불신에는 여전히 이유가 있다고 나는 생각한다. 그것은 앞서 얘기한 대로 사람들이 참된 의미의 사법 본연의 모습을 아직

한 번도 본 적이 없기 때문이며, 그렇기 때문에 사람들은 잘은 모르겠지만 뭔가 좀 이상하다, 헌법에 적혀 있는 것이나 학교에서 배운 것과 실제 재판의 모습에는 어딘가 다른 점이 있다고 느끼는 것이 아닐까?

법과대학원 학생들과 대화를 나누다가 내가 놀란 것 중 하나는, 재판관은 판결 내용에 따라서 좌천되는 등의 불이익을 당하는 것이 아닐까 하는 의심을 품고 있었다는 점이다. "최고재판소나 사무총국의 의향에 따르지 않는 재판관은 찬밥신세라는 게 사실입니까?"라고 묻는 학생이 몇 명이나 있었다. "어디서 그런 말을 들었지?"라고 내가 물으면 "어디서 들었더라? 어디서 들었는지 분명하지는 않지만 모두들 그렇게 얘기하고 있어요. 그렇지?"라며 다른 학생들의 얼굴을 쳐다본다. 그러면 다른 학생들도 고개를 끄덕인다.

이것이 법과대학원의 아주 평범한 학생들이 가지고 있는 일반적인 인식이자, 아마도 일본의 지식인, 아무리 줄여 잡는다 해도 대다수가 가지고 있는 일반적인 인식 내지 의문이 아닐까?

그리고 나는 학생들의 질문에 떳떳하게 "아니, 그런 일은 없어"라고는 도저히 대답할 수가 없다.

또한 사법제도 개혁이 행해져 변호사와 재판관의 수가 증가했음에도 불구하고 지방재판소의 새로운 민사소송 건수가 전체적으로는 감소하는 경향에 있다는 사실에도 유의해야 할 것이다. 이러한 현상은 머리말에서도 이야기한 것처럼 국민과 시민의 사법에 대한 실망이 조금도 개선되지 않았다는 사실을 보여주는 것이 아닐까? 대체 누구를 위한 사법제도 개혁이고, 재판소·재판관제도 개혁이었는지 묻지 않을 수 없다.

| 제5장 |

마음이 일그러진 사람들

재판관의 불상사와 추행사건, 정신구조와 그 병리

| 너무 많은 불상사, 일상적인 추행과 괴롭힘 |

최근 일어난 재판관 불상사에 대해 지금까지 보도된 내용을 바탕으로 정리해보겠다. 파면 등의 시기에 따라서 특정했으며, 간이재판소 판사의 사례는 포함하지 않았다.

검사총장을 가장하여 수상에게 전화를 걸어 록히드 사건(미국 항공기 제조기업인 록히드사에 의한 세계적 대규모 부정사건. 일본에서는 '총리의 범죄'라는 다른 이름으로도 알려져 있다) 조사에 관한 정치개입에 대한 언질을 받아내려고 녹취한 사건(수상에게 거짓 전화를 한 사건. 1977년 탄핵재판으로 재판관 파면). 같은 재판관이 일본 공산당 서기장의 신상카드를 형무소에서 열람, 사진 촬영 등(미야모토 신상카드 사건. 1978년 공무원 직권남용죄로 유죄판결). 숙박하고 있던 호텔에서 술에 취해 폭행(1980년 퇴직). 담당 사건의 변호사로부터 시가 18만 엔 상당의 물품 수뢰(1981년 파면).

아내의 스토커사건 은폐 활동 혐의(2001년 2월 최고재판소의 분한재판*으로 계고. 4월 퇴직). 고베 지방재판소장이 전철 안에서 성추행 혐의로 검찰에 서류송치(같은 해 10월 기소유예 처분, 사회적 제재를 받았다는 것이 이유. 그 무렵 퇴직. 한편 이 사건은 행위가 약간 불분명). 아동매춘(같은 해 11월 파면). 채팅사이트에서 알게 된 여성에게 근무시간 중에 수시로 외설적인 내용의 메일을 송신(2005년 퇴직). 재판소 여직원에 대한 스토커 행위(익명의 메일 송신. 2008년 파면). 버스 안에서 성추행(2009년 준강제 음란죄로 유죄판결. 임기 만료로 파면은 면함). 전철 안에서 여성의 치마 속 촬영(2013년 4월 파면). 술에 취한 여성 수습생의 뺨에 강제로 키스(같은 해 10월 고등재판소에서 계고. 같은 달 퇴직).

이상과 같이 재판관의 불상사와 관련한 사건에 대해 상당한 숫자가 보도되었으나, 물론 그것들이 전부는 아니다. 틀림없이 외부에 알려지지 않은 채 조용히 처리된 것이 더 많을 것이다. 주의할 것은 그 숫자나 종류가 재판관의 숫자(간이재판소 판사를 제외하면 예전에는 2천 명 정도, 현재는 약 3천 명)를 생각해보면 다른 직업군에 비해 결코 적지 않다는 점이다. 고도의 전문직 집단임을 생각하면 오히려 많다고 하는 편이 옳을 듯하며, 그 내용도 앞에 나열한 것처럼 다양해서 단순히 우발적인 행동이라고 할 수 없는 것도 많다. 만약 종업원 2, 3천 명 정도의 기업에서

* 分限裁判: 법관의 면직 · 징계에 관한 재판. _옮긴이 주

이 정도의 사건이 보도되면 그 기업에는 뭔가 큰 문제가 있지 않을까 하여 사회적으로 큰 비난을 받게 되는 것이 보통이 아닐지? 왜 재판소의 경우는 그것이 간과되는 것일까?

하지만 나는 이런 사건에 대해 흔히 말하는 '재판관에게는 결코 있어서는 안 될 일'이라는 '당위론'은 좋아하지 않는다. 재판관도 인간이라는 사실을 가장 먼저 인정해야 한다고 생각하며 실수나 약점이 없는 인간은 없다고 생각하기 때문이다. 하지만 이와 같은 문제가 개인적인 것인지, 아니면 구조적인 뿌리가 있는 것인지 생각해봐야 한다. 만약 후자라면 앞으로의 개선을 위해서 어떤 것들을 생각해야 하는지 등과 같은 냉정한 분석이 반드시 필요하다고 생각한다. 그렇게 하지 않으면 결국 '그것은 개인적인 문제였다'고 치부되어 근본적인 문제는 방치되어 버리기 때문이다. 예를 들어 앞에서 말한 아동매춘 사건에 관한 일련의 보도 등이 그 전형이었다.

또한 성적性的, 권력, 도덕 등의 각종 괴롭힘과 추행이 일반적인 사건에 비해 훨씬 많은데, 앞에서 예를 든 사건들 중에서도 가장 마지막 사례(수습생의 뺨에 강제키스)는 틀림없이 극히 일부의 예에 지나지 않을 것이다. 내가 알고 있는 범위에서 몇 가지 예를 들어보기로 하겠다.

재판장이 상사로서의 권력을 이용하여 자신이 소속된 부서의 젊은 여사무관과 성적 관계를 가진 예(2건 있었는데 1건은 은폐되었으며, 1건은 재판관이 퇴직하기에 이르렀다), 도쿄 지방재판소의 소장대행이 연회 자리에서 여성 판사보를 끌어안은 예, 두 소장이 미리 말을 맞춰 여성 판사보에게 예전에 사귀던 남성 판사보와 다시 교제하라고 설득한 예(혹시 소장들에게는 별생각 없는 행동이었을지도 모르겠으나 재판관의 평가권자로서 삼가야 할 행동이었음이 분명하다) 등이 떠오른다.

그리고 성희롱에 관해서는 1976년에 사법연수소 사무국장과 교관이 제30기 여성 수습생에 대해 "여성은 법률가, 재판관에 어울리지 않는다"는 등의 차별적 발언(구체적인 표현은 놀라울 정도의 것이었다)과 성희롱 행위를 고발당해 국회에서도 문제가 되었으며, 사법연수소장으로부터 엄중한 주의 처분을 받은 예가 있다(이 사무국장은 후에 사무총장을 거쳐 결국에는 도쿄 고등재판소 장관이 되고, 조금 더 지나면 최고재판소로 들어갈 예정인 사람이었다). 그리고 1990년대 말의 상황에 대해서도 청법협 변호사 학자 합동부회가 <사법연수소의 현상을 고발한다—법조양성제도 개혁의 출발점>이라는 제목의 의견서 가운데서 실무수습(사법수습은 사법연수소 외에 각지의 재판소에서도 행하는데 후자를 실무수습이라고 한다) 담당 재판장과 사법연수소 간부에 의한 제51기, 제53기, 제54기 여성 수습생에 대한 성희롱 행위와 발언 의혹(쓰고 있는 우산 속으로 들어와 손을 잡고 어깨를 감쌌는데 항의를 해도 좀처럼 그만두지 않았다)에 대해 논했는데, 이것도 근거가 없는 서술이라고는 여겨지지 않는다. 나 자신도 한 미혼 우배석 재판관이 여성 수습생에게 "너는 나와 결혼하도록 운명 지어져 있어"라고 웃기지도 않은 코믹만화 같은 말을 했다는 최근의 예를 들은 적이 있다. 다시 말해서 사법수습이라는 장면에만 한정해서 봐도 이런 문제가 많다는 사실을 알 수 있다.

성희롱 외에도 여러 가지 일들이 떠오르는데 예를 들어 제3장에서 얘기한 바와 같이, 나에 대한 취재를 거부하라고 명령한 것도 분명히 권력에 의한 강압에 해당할 것이다. 하지만 그와 같은 일에 대해서는 독자 여러분도 추측 가능하리라 생각하기에 생략하도록 하겠다.

그런데 여기서도 내가 알고 있는 사건, 사태는 통계적인 정규분포의 중심 부근(최다의 부근)에 있을 가능성이 가장 높다는 추정을 해보아도 좋으리라 여겨진다. 다시 말해서 이러한 추행은 틀림없이 전국 각지의 재판소에서 상당한 숫자로 존재할 가능성이 높다는 것이다. 이러한 추행 사건들에 대해 재판소에는 물론 가이드라인도 없고 상담창구나 심사기관도 없이 그냥 방치되어 있는 상태다. 추행 · 괴롭힘에 관한 한 재판소는 그야말로 전근대적인 상황에 놓여 있다고 말해도 좋을 것이다.

그리고 자살하는 재판관들도 상당수 있다. 일 때문에 노이로제에 걸리거나 우울증에 걸려 자살하는 것 외에도, 자타 공히 엘리트라고 인정해왔던 이반 일리치 타입의 재판관이 도중에 좌절하여 가슴 아프게 자살을 선택하는 예도 있다. 자살까지는 하지 않더라도 집을 나와 며칠이고 방랑했다거나, 혹은 재판장의 압박 · 괴롭힘 때문에 머리가 이상해진 우배석 재판관이 사무총국 인사국에 몇 번이고 찾아가서 인사국장과의 면담을 요구하며 "나를 언제 재판장으로 만들어줄 겁니까?"라고 물었다는 등의 비참한 예도 있다. 이러한 경우에는 물론 퇴직을 하게 된다.

재판관의 정신건강 측면에 대한 배려가 매우 늦어진 원인 중 하나는, '재판관에게 정신이상은 있을 수 없다'라는 원칙론이 매우 강해서 정신이상 발생이라는 부인할 수 없는 사실이 뒷전으로 내밀렸기 때문이다. 재판소에는 재판관의 정신건강 측면을 보살펴주고 적절히 상담해서 치료를 받게 하는 시스템도, 괴롭힘과 추행 대책의 경우와 마찬가지로 정비되어 있지 않으며, 일반 공무원과는 달리 정식 휴직제도조차 없다(이는 재판관의 복무규정이 매우 불명확, 불투명한 채로 방치되어 있다는 사실의 한 예라 할 수 있다. 놀랍게도 기본적으로는 제2차 세계대전 이전부터 변화가 없었다). 일단 카운슬링 제도가 있기는 하지만 제대로 기능하고 있는지에 대해서는 꽤나 의심스럽다.

그렇다면 재판소, 재판관에게는 왜 이러한 추행 사건이나 괴롭힘, 혹은 자살 등의 문제가 많은 것일까?

그것은 크게 나누어 세 가지 원인으로 생각해볼 수 있다.

첫 번째는 제3장에서 논한 것처럼 폐쇄되고 숨 막히는 계층적 구조의 조직 때문이다. 지금까지 이와 같은 문제는 간과되고 해당 재판관의 개인적인 문제로만 인식되어온 느낌이 있으나 단순한 우발적 문제로 치부하기에는 숫자가 너무 많다. 나는 이 점을 특히 강조하고 싶다. 조직의 방향이 이상한 쪽으로 흐르기 때문에 재판관 집단에 그다지 바람직하지 않은 여러 문제가 발생하는 것이다. '수용소'와 같은 성격과 구조를 가진 조직이 그 수용자, 수감자에게 미치는 커다란 부정적인 영향을 생각해보아야 한다. 앞에서 열거한 것과 같은 재판관들의 불상사가 최고재판소의 우경화, 철저한 히에라르키적 지배와 통제 시대 이후에 시작되었다는 사실은 아마도 우연이 아닐 것이다. 또한 2000년대 무렵부터 갑자기 많이 발생하기 시작했다는 점에도 주목할 필요가 있다. 재판소의 황폐화, 재판관의 도덕성 저하의 단적인 예라고 해도 틀림없을 것이다.

다른 하나는 재판관의 정신구조적 병리病理에 관해서이다. 이것도 물론 일반적인 문제, 최대공약수적인 문제로, 재판관 모두에게 그 같은 문제가 있다고는 말할 수는 없을 것이다. 하지만 상당수의 재판관에게 지금부터 이야기하는, 비뚤어지고 일그러진 정신구조적 문제가 있다는 사실은 내 경험을 통해서도 부정할 수 없다고 생각한다.

| 재판관의 정신구조적 병리 |

이에 대해서는 항목으로 짚어가며 논해 보겠다.

(1) 그들만의 세계, 내면성의 결여, 내면의 나약함

재판관의 세계는 획일성과 동질성이 매우 높은 그들만의 세계다. 극히 드문 예외를 제외하면 다양성은 조금도 찾아볼 수 없다고 해도 좋을 것이다.

조직에 대한 구성원의 소속의식은 매우 강하며, 가치에 대한 인식이나 가치관의 다양성은 부족하고, 그들이 구성하는 세계도 단단한 바윗덩어리처럼 바깥 세계에 대해서는 굳게 닫혀 있다. 제1장에서 말한 조직적인 담합 선거의 예를 생각해보시기 바란다.

재판관이 다수 모여 있는 장소에 참석해보면 그런 분위기를 피부로 느낄 수 있다. 공적인 장소나 장면에서 보여주는 재판관의 상하관계, 그리고 각종 공식 행사에서 자기들만의 의식儀式을 치르는 듯한 모양새에 대해 변호사, 학자, 수습생, 언론인 등을 포함한 외부 사람들이 은근히 위화감을 나타내는 것도 바로 여기에 이유가 있다.

또한 재판관의 연구회에 초대를 받은 외부 강사가 강연이 끝난 직후 "제 이야기를 모두가 이해하셨을까요?"라며 불안을 표시하는 경우가 많은 이유도 재판관 집단의 폐쇄성 때문이다. 나도 몇 번이나 경험한 일이지만 재판관으로 이루어진 청중은 그야말로 '가면의 집단'으로, 표정을 읽을 수가 없으며 반응도 없다. 농담을 할 때가 아니면 웃지도 않는다. 강연 대상으로는 참으로 곤혹스런 사람들이다. 변호사, 학자, 언론인들이라면 즉각 반응을 보이는 가벼운 야유나 농담, 혹은 아이러니가 재판관에게는 전혀 통하지 않기 때문이다.

그리고 재판관이 다수 모인 장소를 지배하고 있는 음침한 아우라aura도 참으로 독특한 것이어서 이렇게 글을 쓰면서 생각하는 것만으로도 나는 약간 오싹함이 느껴진다.

또한 재판관 개개인의 내면세계도 대체로 매우 협소하고 그들의 집단과 마찬가지로 닫혀 있다.

내가 재판관 세계의 특징적인 점으로 떠올리는 것이 바로 그들이 표현하는 언어의 따분함, 무미건조함이다. 개인적으로 대화를 나누어보면 재미있는 사람도 가끔 있으나 그것은 어디까지나 예외적인 경우이고, 특히 재판관이 하는 강연의 따분함은 도대체 말문이 막혀버릴 정도였다. 알맹이가 없고, 틀에 박힌 형식에 몰개성적이라는 말로 모든 것을 표현할 수 있을 것이다. 33년 동안 재판관을 해왔으나 선명하게 기억되는 강연이나 강의는 하나도 없다(물론 이야기를 재미있게 할 줄 아는 재판관에게는 강연 기회가 거의 주어지지 않는다는 것도 사실이기는 하다).

물론 변호사 중에는 내용이 충실한 이야기를 할 줄 아는 사람도 있으며, 또 설령 그다지 깊은 내용은 아니라 할지라도 개성적으로 재미있게 말하는 능력이 뛰어나다. 이런 의미에서 학자 중에서도 재미있게 얘기하는 사람이 그렇게 많지는 않으나 일류 학자라면 반드시 내용이 있는 이야기를 한다. 그런데 재판관의 강연에는 내용도 없고 재미도 없는 경우가 허다하다.

이러한 내면성의 결여는 내면의 부실함과 관계가 있다. 한번 넘어지면 다시는 일어나지 못하는 사람들이 많은 가장 큰 이유가 바로 여기에 있다.

(2) **이기주의, 자기중심성, 타인의 부재, 공감과 상상력의 결여**

노골적이며 순진하다고까지 할 수 있을 정도로 재판관의 이기주의, 천동설적인 자기중심성에는 참으로 놀라운 부분이 많았다. 타인의 존재라는 것이 전혀 보이지 않았다.

자기만이 소중해서 자기에게 좋은 일이 일어나는 것은 당연하고, 자기 외의 다른 사람에게 좋은 일이 일어나는 것은 용납할 수 없다는 타입이 매우 많다. 따라서 특별한 호의로 해준 일에도 감사하지 않으며, 당연한 일이라고 생각하는 경우가 많다.

예를 들어 논문의 내용을 검토해 달라기에 바쁜 와중에도 서둘러 해주었더니 "꽤나 빠르군. 제대로 보기는 한 건가?"라고 해서 할 말을 잃은 경우도 있었으며, 고등재판소의 재판장이 "자네 책을 읽어줄 테니 한 권 주게나"라는 심부름을 내 동기 좌배석에게 시켜 그 좌배석이 나를 찾아와서 "그러니 한 권 줬으면 좋겠는데…"라고 말한 적도 있었다. 그야말로 봉건시대의 귀족과 다를 바가 없으며 자기 주변 사람, 특히 계급에서 자기보다 아래에 있는 사람은 자신에게 잘해주는 것이 당연해서 고맙다는 말을 할 필요조차 없다는 생각을 가지고 있다.

물론 이는 선배뿐만 아니라 후배에게서도 볼 수 있는 일인데, 예를 들어 유학시험 준비에 대해 묻고 싶은 것이 있다고 하기에, 지금은 바쁘니 나중에 와달라고 대답했음에도 불구하고 자꾸만 조르기에 어쩔 수 없이 집으로 불러 자세히 설명을 해주었더니 돌아갈 때조차 고맙다는 말 한마디 제대로 하지 않았으며 물론 엽서 한 장 보내지 않았던 적도 있었다. 이러한 예는 헤아릴 수도 없이 많다.

이런 식이기 때문에 계급 조직 안에서는 한심할 정도로 정중하지만 거기서 한 걸음이라도 벗어나면 그런 모습은 조금도 찾아볼 수 없는 경우가 허다하다. 전화를 받는 태도가 좋지 않은 경우는 흔히 있는 일이며(상대방이 누구인지 모를 때는 어떤 태도를 취해도 상관없다는 듯), 관사로 이사를 할 때는 "우리 아이의 입학식이 있으니 ○일까지 집을 비워주세요"라고 일방적으로 통보해오기도 하고, 일의 내용을 조율할 때도 처음부터 결론을 내려놓고 성의있게 얘기하려는 자세라고는 찾아볼 수 없는 태도를 취한다. 부부 재판관(나보다 후배)이 관사에 세워둔 고급 승용차에 흠집이 난 일이 있었는데 "틀림없이 관사의 아이들이 자전거로 흠집을 낸 것이다"라고 씩씩거리며 화를 내기에 어쩔 수 없이 여러 엄마들이 사과를 하러 갔는데 나중에 확인해보니 흠집의 위치나 형태로 봐서 아이들이 자전거로 흠집을 낸 것이 아니라 어른이 악의에서 한 행위로 여겨졌던 예도 있었다. 이에 대해서는 흠집이 난 다른 한 대의 차 주인도 "아무래도 아이들이 한 것 같지는 않네요"라고 말했다. 일반사람이었다면 "그렇게 소중하다면 커버를 씌워 창고에라도 넣어둬"라는 말을 들었을 것이다. 이런 재판관들이 형사사건을 담당하고 있으니 재판을 받는 사람들은 어처구니가 없을 것이다.

이러한 재판관들에게는 타인과 공감하는 능력도, 상상력도 거의 결여되어 있다. 따라서 당사자의 마음은 조금도 이해하지 못할 것이며, 자신에게 그런 능력이 결여되어 있다는 사실조차 전혀 깨닫지 못할 것이다.

머리말에서 이야기한 것처럼 '재판을 이용한 사람들이 소송제도에 대해 만족하고 있다고 대답한 비율은 고작 18.6%'라는 결과가 나온 것은 너무나도 당연한 일이다.

(3) 자만심, 허영

재판관의 자만심에도 말문이 막히는 경우가 있다. 내심 자기보다 훌륭한 사람은 없다고 생각하는 경우가 많으며, 그 결과가 앞에서 말한 무례한 행위와 행동으로 나타나는 것이다. 그리고 재판관에게서 특징적으로 볼 수 있는 것은, 실제로는 무엇 하나 특별한 점이 어디에도 없으면서 자신이야말로 특별하다고 생각하는 예가 많다는 점이다.

평소 주위에 대해서 비굴한 태도를 취하고 있는 것처럼 보이는 인물조차 단둘이 출장을 가면 비뚤어진 자만심이나 은근히 빗대서 자랑하는 듯한 말을 쉬지도 않고 끊임없이 계속하는 경우가 있기 때문에 정말로 방심할 수가 없다.

당연히 자기만족도가 매우 높다. "나는 화해를 강제적으로 권하지 않아", "나는 늘 완벽한 합의를 행하고 있어"라는 등의 말을 재판관으로부터 듣는 경우가 많은데 물론 화해를 권유받은 당사자는 그렇게 생각하고 있지 않으며, 좌배석 사이에서도 제대로 합의를 해주지 않아 판결문 쓰기가 정말 힘들다는 등의 말이 은밀하게 오가고 있다.

이는 젊은 사람들에게서도 볼 수 있는 일로, 유학시험에 한 번 떨어졌다고 해서 퇴직해버리기도 하고, 처음으로 전근해간 지역이 마음에 들지 않는다고 퇴직해버리곤 하는데, 이와 같은 극단적인 사고, 극단적인 감각도 문제는 같은 뿌리에 있다.

또한 재판관의 자만심은 일본 사법에서 특징적으로 나타나는 권위주의의 만연, 재판관의 자의적·독선적 소송지휘의 원인이 되기도 한다.

이와 같은 자만심에 대한 전형적인 사례로, 일본 민사소송법학회가 2003년에 개최한 '현대 민사소송에 있어서의 재판관 및 변호사의 다중적인 역할과 그 상호관계'에 관한 국제 심포지엄에서 공식 발제를 맡은 한 재판관의 발언(스도 노리아키 씨. 민사소송잡지 50호 182쪽 이하)을 예로 들어보기로 하겠다.

'재판관의 권위주의가 어디가 나쁘다는 말인가? 당사자 중에는 아직까지도 오오카 에치젠이나 도오야마노 긴산과 같은 타입을 원하는 사람도 있다. 일본 사회는 말이나 겉모습과는 달리 자기 책임이나 자립에는 소극적이어서 속으로는 공권력의 권위주의를 기대하고 있다. 또한 재판관이 그 권한을 남용한 경우는 한 번도 없다고 생각한다.'

이러한 내용을 포함한 그의 발언은 참으로 놀랄 만한 것이다. 재판관으로서 당연히 가지고 있어야 할 겸허함이 결여된 것이 아닐까 생각된다.

'일본 대중의 속마음은 자기 책임이나 자립과는 거리가 멀며, 위에서 보살펴주기를 바라고 있다'는 발언을, 그것도 국제 학회의 심포지엄에서 일본 재판관의 대표가 했다는 사실을 생각해보면 더욱 놀라지 않을 수 없다. 예전 같았으면 적어도 학회에서 재판관 대표자(사실상 재판소 당국이 추천한다)가 이처럼 제멋대로, 그리고 재판소 당국의 대변인으로서의 자세를 노골적으로 드러내는 발언을 한다는 것은 생각할 수도 없는 일이었다. 재판관의 질이 전반적으로 떨어진 요즘의 경향을 상징적으로 보여준 발언이라고 생각한다.

(4) **질투**

재판관의 깊은 질투심도 보통 수준은 넘는다.

나도 책을 낸 이후 질투에서 비롯된 것이라고밖에는 생각되지 않는 중상을 종종 받아왔다. 예를 들어 한 재판관이 내 책을 헐뜯는 내용의 익명의 편지를 사법연수소 연구회에 참석했을 때를 일부러 골라서, 사법연수소가 있는 와코 시에서 출판사로 보낸 적이 있었다. 자신이 사는 장소에서 보내지 않은 것은 어느 곳에서 발송한 것인지 숨기기 위해서이며(어느 현에서 보냈는지를 알면 보낸 사람이 대략 누군지 짐작할 수 있다), 와코 시에서 발송한 것은 재판관 독자임을 노골적으로 드러낸 편지의 내용과 함께 출판사와 내게 재판관이 보낸 것임을 알게 하기 위해서(악의를 의도적으로 드러내며 즐기기 위해서)라고 생각되었다.

편지를 읽고 나서 알아보니 마침 그 시기에 나와 거의 동년배 재판관들이 다수 모인 연구회가 사법연수소에서 행해졌다는 사실을 확인할 수 있었다. 비열하고 음흉한 방법에는 분노보다 오히려 슬픔이 느껴졌다. 변호사나 학자 가운데 이런 짓을 하는 사람은 아무도 없었다. 내용이야 어찌 됐든 비판적인 글을 쓸 때는 이름을 분명하게 밝히는 것이 법률가로서의 최소한의 도덕성이라고 할 수 있을 것이다. 하지만 이것은 특히 눈에 띈 하나의 예에 지나지 않는다.

또한 상층부에다 나에 관한 밀고密告 비슷한 행위를 한 사람도 몇 명 있었다.

이제 막 재판관으로 임용된 사람 중에는 그런 행위를 할 사람이 거의 없을 듯하니, 이 같은 행동을 하는 사람들은 결국 재판소 조직 안에서 그 인간성이 결정적, 근본적으로 손상된 것이라고 생각될 뿐이다. 인간으로서의 기본이 의심되는 이 같은 행위를 아무렇지도 않게 하고, 그 사실에 아무런 거리낌도 수치도 느끼지 못한 채 오히려 병적인 즐거움을 느끼고 있는, 그 정도로 성격과 마음이 일그러진 재판관이 재판소 내에 일정 비율로 존재한다는 것만은 틀림없는 사실이다.

예를 들어 이런 사람들이 만약 구소련에 살았다면, 당국에

밀고하여 지인과 친구를 강제수용소로 보냈을 가능성이 매우 높을 것이다. 숨어서 타인에게 해를 가하고, 그렇게 함으로써 비뚤어진 정신적 만족을 얻는다는 의미에서 양자의 정신구조에는 기본적으로 공통된 부분이 보이기 때문이다.

평생에 한 번이나 두 번 재판소에 가야 할 일이 생겼는데 당신의 사건이 이런 재판관에게 배당되어 그와 같은 재판관에 의해 '판단'받아야 한다면 당신은 어떻겠는가? 두렵지 않은가?

이런 경험을 한 사람은 물론 나뿐만이 아니다. 제1장에서도 언급했던 구라타 판사가 재직 중에 한 잡지에 ≪가축인 야프≫의 작가가 구라타 씨라는 기사가 실린 이후로, 기다렸다는 듯이 기고만장한 투로 그를 비난하는 사람들이 선배 재판관 중에 여럿 있었다.

변호사나 학자 가운데도 그런 예가 없는 것은 아니나 일류라 일컬어지는 사람 중에는 거의 없다. 남을 헐뜯을 필요가 없으며, 스스로의 한계에 대해서도 인식하고 있기 때문이다. 그런데 구라타 씨를 나쁘게 얘기한 사람들은 거의 예외 없이 재판관으로서는 성공한 사람들이었다. 지금 생각해보니 그런 발언은 정신적 압박과 자기규제가 남보다 강하고, 또 자부심이 남보다 높기 때문에 그 반작용으로 나온 것이라 생각된다.

(5) 인격적인 미숙함, 유아성

이상과 같은 정신구조적 병리의 뿌리에 있는 것은 결국 인격적

미숙함일 것이다. 나는 어린아이 같은 면을 가지고 있는 사람을 좋아하지만, 그것은 성숙한 인격 속에 아이와도 같은 순수함과 천진난만함, 호기심, 솔직하게 공감하는 힘이 남아 있는 경우를 말하는 것이다.

재판관의 경우는 그렇지가 않다. 단지 인격적으로 어린 것일 뿐, 분별력 없고 변덕스럽고 이기적인 유아성뿐이다.

감정을 제어할 줄 몰라서 얼굴빛이 금세 변한다는 것이 그 중 하나의 예이다. 당사자가 약간 감정적인 말을 사용하면 당사자가 없는 자리에서 머리가 땅에 닿도록 사과하는 변호사가 있다. 젊었을 때는 왜 그렇게까지 하는 것인지 약간 이상히 여겼으나 훗날 한 베테랑 변호사로부터 "그건 조금이라도 비위에 거슬리면 격분하는 재판관이 꽤 많기 때문입니다. 그것도 그때뿐이라면 모르겠지만 한참 지나서 소송지휘나 화해를 할 때 이것저것 걸고 넘어져 보복을 하는 경우도 있습니다. 심한 경우에는 이상한 이유를 들어 패소시키는 경우까지 있습니다. 그렇기 때문에 마음이 약한 변호사는 당사자의 사소한 언동에도 마음에 걸려 머리가 땅에 닿도록 사과하는 것입니다"라는 말을 듣고 납득했던 기억이 있다.

그리고 재판관에게서 흔히 볼 수 있는, 이상할 정도로 무례한 행동도 이러한 유아성의 표출이다. 별로 친한 사이도 아니면서 남의 개인사에 대해 귀찮을 정도로 꼬치꼬치 캐묻기도 하고, 처음 소개를 받은 직후에 그것도 전철 안과 같이 남들이 듣고 있는 장소에서 프라이버시에 관한 일을 역시 심문하는 듯한 투로 쉴 새 없이 묻기도 하는 것이 그 예다. 이것도 선배들만 그러는 것이 아니다. 이러한 인간들의 공통적인 특징은 캐리어시스템 안에서의 자기 지위에 이상할 정도의 집착심을 가지고 있으며, 가치관이 편협하고, 시야가 매우 좁고, 자신과는 이질적인 사람을 이해하는 능력이 완전히 결여되어 있다는 점이다.

민사계, 가정재판계 재판관들은 이런 저런 설득을 하는 과정에서 씁쓸한 경험을 하기도 하고, 가끔 당사자가 보이는 감정적인 반응에도 점점 익숙해져 가기 때문에 그나마 인내심을 가지고 대하는 면이 있으나, 형사계 재판관들은 법정 안에서 절대적인 권력을 휘두르기 때문에 인격적으로 덜 성숙된 인물도 그대로 상층으로 오르게 되는 경우가 많다. "분쟁의 소지가 충분이 있는 정당한 부인否認임에도 불구하고 부인하면 양형을 무겁게 하는 재판관이 많다"는 말을 변호사로부터 수차례 들은 적이 있는데, 이러한 문제의 한 표출이라고 생각한다.

수습생의 평가에 있어서도 형사계는 지나치게 자의적이어서, 영합하는 자세를 가진 사람에게는 매우 관대하지만 자기 의견을 분명하게 주장하는 사람에 대해서는 부당하다 싶을 정도로 엄격한 경우가 흔히 있었다.

어쨌든 앞서 이야기한 것과 같은 재판관들의 불상사나 권위적인 태도도 이와 같은 인격의 미숙함에서 오는 부분이 크지 않을까? 거짓 전화사건, 신상카드 열람 사건은 마치 만화에 빠진 소년의 범행이 아닐까 싶을 정도로 유치하며, 최근의 아동매춘, 근무시간 중의 외설적 메일, 스토커, 성추행, 치마 속 촬영, 강제 키스 등과 같은 일련의 사건에 대해서도 그 유아성을 부정하기는 어려울 듯하다.

(6) **명분론, 겉과 속의 얼굴을 구분해서 사용**

이에 대해서는 이미 몇 번이고 논해왔다. 무슨 일에 있어서든 명분을 내세워 말하고 생각하는 사람이 많다. 그런 생활을 계속하는 동안 자신 안에서 움트는 감정을 바라보는 눈을 잃어버려, 부드러움과 인간으로서의 특색, 관용과 느긋함, 넓은 의미에서의 인간적인 에로스 등과 같은 미묘한 장점까지도 동시에 잃어버리게 된다.

이와 같은 명분론의 이면에는 '겉으로 드러나지만 않으면 무슨 짓을 해도 상관없다. 담합재판이든, 재판 내용의 사전 유출이든, 각종 추한 행위든 상관없다'는 식으로 뒤에서는 도덕성도 규칙도 없이 제멋대로 행동하는 상황이 된다. 또 일본 관료재판관의 결정적 특질인 '대외적으로는 상냥한 얼굴, 안에서는 추악한 얼굴'을 극단적으로 구분해서 사용하는 것이다. 바깥 세계에 대해서는 점잖은 척 가능한 범위 내에서 영합하고, 안의 세계에 대해서는 이기적인 전제군주처럼 행동하는 두 가지 태도를 교묘하게 나누어 사용하는 기술은 그야말로 극히 고도의 '예술'의 경지에 달했다고 해도 좋을 것이다.

재판관 출신 최고재판소 판사는, 특히 최근 들어서는 거의 전원이 사무총국계인데 사무총국계 재판관은 필히 명분론적 관료 답변과 두 가지 얼굴을 구분해서 쓰는 데 능숙해야만 한다는 사실을 생각해보면, 제2장에서 분석한 최고재판소 판사의 성격 유형은 당연한 결과인 것처럼 여겨진다. 그러한 것에 오래도록 견딜 수 있는 사람이 아니면 사무총국계에서 재판관 생활을 계속하기란 그리 쉬운 일이 아니기 때문이다(견뎌내지 못하는 사람은 국장급 자리에 도달하기 전에 좌절을 맛본다).

사법제도 개혁 당시 재판관을 비판하는 의미의 '세상물정 모르는 재판관'이라는 슬로건이 한창 쓰인 적이 있었는데, 일본 재판관의 상층부는 나쁜 의미에서의 '세상의 지혜'는 충분히 가지고 있으며, 그런 의미에서는 결코 '세상물정'을 모르지 않는다. '세상물정을 모른다'는 표현이 어울리는 재판관은 오히려 인간적인 장점이 남아 있어서 상대적으로 보면 좋은 재판관인 경우가 많다.

재판소에 있어서 사법제도 개혁이 전혀 성과를 거두지 못했다는 점에 대해서는 조직에 관한 문제가 큰 것도 사실이지만, 재판관들의 이와 같은 마음가짐에도 그 원인이 있다. 바깥을 향해 겉모습을 꾸미고만 있을 뿐, 진심이 조금도 담겨 있지 않으니 무엇인가가 진정으로 바뀔 리가 없다.

(7) **자기규제, 억압**

제3장에서 일본 사회와 사람들의 마음에 존재하는 이중의 선線

에 대해, 그리고 일본의 재판소는 제2의 선에 의해 둘러쳐진 영역이 매우 좁고 제한되어 있으며 거기에 닿을 경우 배제, 징벌, 보복이 참으로 가혹한 사회라는 사실에 대해 이야기했다. 이러한 사실을 재판관의 입장에서 보면 '재판소 당국이나 주위와의 관계를 생각해서 하지 않는 편이 좋다고 여겨지는 것'의 선이 마음속에 선명히 그어져 있다고도 할 수 있다.

이와 같은 정신적 자기규제 하에서 재판관들은 주위의 시선이나 평가에만 온통 신경을 쓰고, 자신을 억압하며 살아가고 있다. 남과 다른 판단을 하고, 다른 행동을 취하는 것이 아무렇지도 않은 미국의 재판관과는 완전히 대조적이다. 예를 들어 자타가 공인하는 엘리트 재판관이 자기 취미에 대해서 쓴 조그만 칼럼이 신문에 게재되는 것조차 상층부나 주위의 시선을 의식해서 흠칫흠칫 눈치를 살피던 일이 떠오른다.

그리고 세세한 자기규제와 극심한 정신적 압박 속에서 살아가기 때문에 조금이라도 선을 밟은 사람에게 신경을 곤두세우고, 화를 낸다. 앞서 말한 것처럼 재판관의 질투심이 끔찍할 정도로 강하고 관용적이지 못한 것은 틀림없이 이러한 사실과 관계가 있다. 익명으로 밀고하거나 헐뜯는 사람이 그 전형적인 예다.

또한 재판관 중 젊었을 때는 얌전했으나 소장이 되면 돌변해서 전형적인 권력자 타입이 되는 사람이 적지 않은데, 이것도 그때까지의 자기규제와 억압에 대한 반작용일 것이다. 재판관의 불미스런 일이나 추행에도 역시 반발로서의 측면이 크다고 생각한다.

다시 말해 자기규제와 억압은 일본 캐리어시스템 재판관의 기본적인 특징 중 하나이자, 지금까지 논해온 것과 같은 재판관의 정신구조적 병리의 커다란 근본 원인이라 여겨지기도 한다.

(8) 지적知的 태만

옛날에는 어땠는지 모르겠으나 요즘 재판관 중에는 깊이 있는 교양을 가진 사람이 거의 없다. 시야가 넓은 사람도 드물다.

애초부터 전문서적 이외의 책은 거의 읽은 적이 없는 사람들이 대부분이며, 재판관이라면 어느 정도 교양을 갖추고 있어야 할 심리학, 정신분석, 카운슬링 등에 관한 지식을 조금이나마 가지고 있는 사람조차 드물다.

일반적인 학식이나 교양이 부족하고, 따라서 사고방식에 전망과 비전이 부족하고 법률만 이해하고 있으면 된다고 생각하고 있다. 그런 의미에서 지적知的 태만이 상당한 정도로 만연해 있다고 해도 좋을 것이다.

(9) 가정에서의 가치인식

가정에서의 가치인식價値認識은 개인의 그것과 마찬가지로 원래는 각 가정 고유의 것이어야만 한다. 다시 말해 세상의 가치관과는 어떤 의미에서 독립된 부분을 가지고 있는 것이 바람직한 모습일 것이다.

그런데 재판관의 가정에서는 아버지의 경직된 가치인식이 가정

안으로 직접적으로 침입하는 경향이 강하다. 그렇게 되면 가족의 일원, 특히 자녀들에게는 안식의 장소가 사라지고 그것이 다시 부모에게도 반영된다.

그 결과 일반적인 지적 능력은 높음에도 불구하고 재판관 자녀들에게는 여러 가지 문제가 일어나는 경우가 많은 것처럼 느껴진다. 등교 거부, 은둔형 외톨이, 자살 등 내가 알고 있는 범위에서만 해도 상당한 숫자를 헤아릴 수 있는데, 그 문제의 뿌리가 깊다고 생각한다.

등교 거부, 가정 내 폭력 등의 소년들에게 스파르타식 지도, 훈련을 행하다 훈련 도중에 학생이 사망해서 문제가 되었던 '도쓰카 요트스쿨 사건'을 아직 기억하고 있는 분도 계실 것이다(1983년에 상해치사 혐의로 관계자 체포, 기소). 그 도쓰카 요트스쿨의 아이들 가운데 재판관의 자녀가 여러 명 있었다는 사실을 기억하고 있다. 재판관의 가정에는 그 무렵부터 이미 이러한 문제가 존재하고 있었던 것이다.

(10) 마무리

이상과 같은 재판관의 정신구조적 병리에 대해서는 수습생, 즉 일종의 학생이 바로 재판관이 되고, 그것도 문제가 매우 큰 일본형 캐리어시스템의 재판관이 됨으로써 원래는 사회생활을 통해 교정되어가야 할 개인적 결점이 교정되기는커녕 오히려 증폭되어간다는 데서 오는 문제라는 측면이 크다고 생각한다.

원래 재판관이라는 직업은 여러 가지 인생 경험을 통해 쓴맛, 단맛을 상당히 맛본 뒤에 임하는 것이 바람직하다. 그 정도의 포용력과 인내심을 갖고 있지 않으면 사람의 운명을 좌우하는 이 직업은, 그것도 병이라는 측면에만 관여하는 의사와는 달리 정신적인 부담이 너무 크고 짐이 너무 무겁다. 예를 들어 법과대학원의 모의재판 수업에서 재판관 역할을 맡은 학생들 중에서 갑자기 긴장감이 높아져 말투가 딱딱해지는 사람이 여럿 나오는 것만 봐도 그 사실을 잘 알 수 있다. 거기에 더해서 재판소 시스템이 커다란 정신적 압박으로 다가오기 때문에 원래가 곱게 자란 우등생이었던 젊은 판사보들은 심성이 비뚤어지기도 하고 그 결점이 이상하게 증폭되기도 한다. 특히 최근의 젊은이들은 성장 환경이 좋아도 세상물정을 모르기 때문에 어떤 색에나 쉽게 물들어버린다. 실제로 장점이나 좋은 면을 가지고 있던 젊은 판사보들조차 적지 않은 사람들이 10년쯤 지나면 상당한 이상하게 변해버리는 모습을 볼 때, 이때만큼 재판관이라는 사실이 실망스러운 적도 없다.

| 이반 일리치의 문제와 일리치보다 못한 고위 재판관들 |

이번 장에서 논해온 사항은, 이 책에서 자주 언급한 것처럼 예전부터 '재판관의 관료주의'로 비판받아온 사항과 표리 관계에 있다.

이것은 본질이 잘 보이지 않는 매우 고민스러운 문제다. 재판관의 관료주의의 본질에 대해서는 일반적인 관료제도의 문제를 논하는 것과도, 나 자신(재판관 시절의 나)의 문제를 논하는 것과도 다른 미묘한 어려움이 있다. 그리고 사무총국 중심체제에서 전형적인 조직체로서의 문제 외에 각 재판관 개인의 문제도 존재하는 것처럼 여겨진다. 또한 그것들은 하나하나를 보면 일정한 형태가 없는 입자로밖에 보이지 않으나 다수가 모이면 어느 틈엔가 한 장의 사진(영상)을 구성하는 사태와도 비슷해서, 개별적인 문제와 전체적인 문제를 연결지어 논하기가 매우 어려운 성질의 것이다.

내가 알고 있는 한 관료주의의 문제에 대한 고전적인, 그리고 가장 깊이 있는 분석을 한 것은 앞에서 언급한 ≪이반 일리치의 죽음≫이 아닐까 생각한다.

시대와 나라는 다르지만, 그리고 소설의 주제는 '개인의 구원과 은총'이라는 절대적, 종교적인 성격의 것이지만, 톨스토이의 이 단편소설은 '개인의 인식, 개인의 기반이 약한 사회에서, 원칙 본위의 견고한 관료시스템의 일원인 법률가, 관료재판관의 정신 상태'를 사실적으로 묘사한 그 예리함과 깊이에 놀라지 않을 수 없다.

대귀족이었던 톨스토이가 신흥 중산계급에 불과한 법률가 세계의 실상을 자세히 알고 있었으리라고는 생각되지 않으나 그가 묘사한 법률가, 재판관 세계의 섬세함, 그 '마치 여러 가지가 보장되어 있는 것처럼 보이나 사실 그러한 보장은 뜻밖에도 견고한 것이 아니며 개인적인 문제(여기서는 아내와 딸과의 불화, 그리고 아마도 암이라 생각되는 불치병의 진행)가 자신의 지식만을 생활의 양식으로 삼아 살아가는 지식인의 정신적, 물질적 기반의 취약함을 폭로하고 알몸으로 절대적인 존재 앞에 세운' 모습의 묘사는 오늘날의 일본에서도 충분히 통할 만한 보편성을 가지고 있다.

사실 나는 이 소설을 읽을 때마다 "톨스토이 백작이여! 당신의 묘사는 마치 타임머신을 타고 와서 일본의 재판관 세계를 자세히 살펴본 사람의 그것처럼 느껴집니다!"라고 나이든 거장을 향해 마음속으로 외칠 정도이다. 그만큼 톨스토이의 리얼리즘에는 보편성이 있다. 인물의 이름과 배경을 약간 바꾸면 그것은 그대로 현대 일본의 이야기로 통용될 것이라 생각된다.

이반 일리치의 관료주의는 한마디로 말해서, '사태를 직시하지 않고 사물의 본질을 비껴 지나가는' 그 삶의 방식에 있다. 아무런 문제도 없고 모든 것이 순조로운 것처럼 위장하고 늘 그렇게 공언하는 것이 그의 본질적 삶의 방식이다. 취미나 교양도 일정 수준에는 도달해 있으나 비슷한 부류의 다른 사람들과 매우 흡사해서 그 자신만의 참된 개성은 느껴지지 않는다. 가치관도 역시 마찬가지인데 머리도 좋고 또 겉으로는 느낌도 좋은 사람이지만, 그의 존재에는 사람들의 마음을 깊이 울리는 무엇, 존재의 무게가 결정적으로 빠져 있다.

그의 본질은 가면을 쓴 이기주의다.

법률가로서의 그의 눈은 사건이나 사안의 본질, 그리고 거기에 관련된 사람들의 생각이나 감정은 보지 않고 단지 그 표피만 훑고 지나가, 일반적이고 냉정한 규범을 형식적, 기계적으로 사안에 적용하는 일밖에는 하지 않는다. 모든 것을 일반론의 범주 안에서 효율적으로 처리하는 것이 그의 스타일이다. 그렇게 함으로써 그는 여러 가지 불쾌감과 불안을 지나쳐 현명하고 건전한 법률가, 재판관이라는 '역할'을 무사히 연기할 수 있었다. 불치의 병이 그러한 그의 생활 기반을 서서히 갉아먹기 시작해 곧 흔적도 없이 파괴하기 전까지는.

이반 일리치에게 결정적으로 부족했던 것은 아마도 '느끼고 슬퍼하는 능력'이었을 것이다. 유럽에서 전쟁 책임과 관련해 사용되었던 말인 '슬퍼하는 능력의 결여'가 그의 존재를 결정한 것이라 생각된다. 자신의 슬픔을 슬퍼하고 타인의 슬픔을 슬퍼하며 인생의 가장 엄숙한 '무엇인가'에 마주하는 그러한 상황은 회피한 채, 세련된 스마트함과 자기만족으로 도피함으로 해서 이반 일리치의 생활은 만들어지고 있었다. 그의 작은 왕국은 보편성, 개념, 권위주의에 의해서, 그리고 계급의식에 의해 몇 겹으로 단단히 둘러쳐진 공중누각空中樓閣이었다.

이러한 관료주의의 한 측면은 그 특질 전체를 놓고 보면 비교적 양질의 요소를 갖추고 있다고 할 수 있어서, 특별한 파탄을 초래하지 않는 한 그 문제점은 잘 보이지 않는다. 톨스토이가 이렇다 할 결점이 없는, 자기만족적이기는 하나 능력 있는 관료 재판관을 이 소설의 주인공으로 선택한 데에는 틀림없이 충분한 이유가 있다. 작가 입장에서 보면 이반 일리치는 말도 되지 않을 정도로 수준이 낮은 인간이 아니라, 마음만 먹으면 자신을 직시하고 그 고뇌에 직면할(다시 말해서 작가의 고뇌를 함께 나눌 수 있는) 만큼의 강한 면을 가지고 있는 인물이다. 실제로 이반 일리치는 작가가 그에게 부과한 끔찍한 시련을 견디고 은총 속에서 죽어간다.

재판관 시절의 나는 수많은 이반 일리치와 다수의 잠재적 이반 일리치를 보아온 듯한 느낌이 든다. 말하자면 성공을 했고 머리도 좋으나, 자신만의 가치관이나 인생관이 없는 사람들이다. 그 공통적인 특질은, 예를 들어 악의 없는 무의식적인 자기만족과 자만심, 조금 강하게 말하면 세련되고 시원시원한 맛이 없는 자기기만自己欺瞞의 정신체계라고 할 수 있다.

이러한 특질들은 성공한 법률가에게서 여러 가지 형태로 나타나기 쉬운 것인데 재판관의 경우는 피라미드 단계의 중간에 있을 때 자각하지 못하면 특히 현저한 형태로 표출되기 쉽다. 예를 들어 아랫사람을 대하는 태도, 사람들 앞에서의 사소하고도 일상적인 말이나 공식 석상에서의 인사 가운데서 그러한 마음가짐, 인간으로서의 본연의 모습이 감춰지지 않고 배어나오는 것을 본 경우가 많았다.

그리고 이 책에서 얘기한 사실을 통해 아셨을 테지만 안타깝게도 계층적 캐리어시스템에서 이반 일리치 타입 이상의 재판관이

나오기를 기대하기란 매우 어려운 일이다. 지금의 일본에서는 이반 일리치 수준에 달한 재판관은, 상대적으로 봐서 오히려 나은 편에 속하는 부류라고 할 수 있다. 이해할 수 없는 인물들이 여럿 있는데 몇 가지 예를 들어보겠다.

소장이나 소장대행을 포함한 비교적 고위직 재판관 가운데도 앞에서 말한 '충견 재판관'의 예를 비롯하여, 한 신문에 게재된 자신의 글(안타깝게도 내용은 전혀 기억나지 않는다. 기자나 편집자가 '잉크자국'이라고 부르는 수준의 글이었다)의 복사본을 재판관이나 직원에게 보여주고 싶어 안달이 난 정도야 그렇다 쳐도, 공식 행사 후 변호사 등 외부 인사들도 있는 자리에서 복사본을 돌리기도 하고(일종의 공과 사를 혼동한 행위로, 만약 다른 재판관이 이런 행동을 했다면 틀림없이 그 소장은 화를 냈을 것이다), 재판장들만 모인 연회석상에서 중학생조차 창피할 만한 인사(이것은 딱 한 가지 기억하고 있다. "여러분이 가을의 단풍이라면 저처럼 재판장의 '형님'뻘 되는 입장에 있는 사람은 벌써 겨울의 마른 잎이라고 할 수 있겠습니다"라는 인사였는데, 너무나도 진부한 표현과 무슨 말을 하고 싶었던 것인지 의미를 알 수 없었기에 기억에 남았다)를 자랑스럽다는 듯이 말해서 분위기를 썰렁하게 만들기도 하고, 수습생에 대한 강의 시간에 수습생이 졸았다고 불같이 화를 내며 사법연수소에 고자질을 하기도 하고(자신의 얘기가 따분해서 수습생이 졸았을 가능성을 생각해본다면 자신의 수치가 될지도 모를 일인데 그 점은 깨닫지도 못하고, 그 결과 임용을 희망하는 수습생에게 커다란 불이익이 될지도 모른다는 사실 역시 생각지도 않는다. 그저 '화가 난다. 녀석이 밉다'는 생각만이 전부다) 등등, 이런 인물들이 여럿 있다.

이러한 행동들의 배경에는 자기만족, 자만심, 타인의 존재에 대한 인식 부족 때문이 아닐까 여겨지는데 그와 같은 성격적 특성은 극심한 압박, 자기규제와 함께 동전의 양면을 이루고 있는 것이다.

이러한 사람들에게 공통되는 또 하나의 특질은, 역시 앞에서 얘기한 것처럼 언론이나 외부 사람들을 대할 때의 상냥한 얼굴과, 재판관이나 직원을 대할 때의 추악한 얼굴의 큰 차이, 그 두 개의 얼굴을 교묘하게 구분해서 쓴다는 점이다.

예를 들어 이와 같은 타입의 사람들이 고등재판소의 재판장이나 고등재판소 장관, 최고재판소 판사와 같은 자리에까지 앉을 가능성이 있는 것이며, 실제로 그 자리에 앉아 있기도 하다.

| 나의 경우—한 사람의 인간으로 되돌아갈 때까지 |

물론 이번 장을 서술하면서 나 스스로를 돌아보고 스스로를 경계하는 의미도 담겨 있다. 다시 말해서 나 자신, 특히 젊었을 때는 기껏해야 어느 만큼은 자각적인 이반 일리치 정도의 존재였을지도 모르겠다고는 생각하고 있다.

단지 나는 자신 속에 숨어 있는 모순을 깨닫고 있기는 했다.

그 모순에서 비롯된 마음속의 괴로움과 응어리, 내 삶의 방식, 나의 성장과정과 정신 형성에 포함되어 있던 갈등이 형태로써 드러난 것이 제1장에서 얘기한 최고재판소 조사관 시절에 걸린 우울증이라고 생각한다. 정확히 마흔 살 때의 일이었다.

병원에 입원해서 내가 깨달은 것은 인생의 단순함이었다. 촛불 하나가 조그맣게 켜지고 한동안 빛을 발하다 곧 꺼진다. 결국 인생이라는 것은 그것뿐이다. 그처럼 단순한 것이다. 나는 단지 그것뿐인 인생을 왜 이렇게 어렵게 만들고 있는 것일까?

나의 원래 자질은 아마도 인문사회과학 계통의 학자에 어울리며, 또 나는 서민적이고 촌스러운 구석이 있는 구시가지에서 태어나 자랐고, 어린 시절 이후 여러 종류의 책뿐만 아니라 온갖 예술과 그 비평에 깊은 흥미를 품고 있었다. 내게 있어서 문학, 음악, 영화, 만화 등의 예술은 피를 나눈 형제나, 혹은 그 성격과 버릇까지도 잘 알고 있는 죽마고우와도 같은 존재였다. 그러한 배경은 법학자를 포함한 법률가로서는 드문 경우에 속할 것이다. 그리고 미에 현三重縣에 있는 우리 아버지의 고향은 세기瀨木라는 비교적 희귀한 성姓의 발상지인데 그 성을 처음 쓴 사람은 이마가와 씨의 분류分流라고 알려져 있으며, 아버지의 일족 중에는 독립적이고 독자적인 자유주의자, 합리주의자가 많았다. 그런 의미에서 나는 일본사회 소수파의 피를 진하게 물려받은 일족의 후예이기도 하다.

그와 같은 인간에게 있어서 상명하복, 상의하달의 공직 생활은 애초부터 당치도 않은 일이었다. 비뚤어지고 일그러진 상승지향도 솔직히 말하면, 그러한 것에서 큰 의미를 찾지 못하는 인간에게는 고통만이 따르는 정신적 부담일 뿐이었다.

한마디로 말해서 그때까지의 내 인생은 세상을 무시하고 싶어하면서도 한편으로는 세상에서 성공하고 싶기도 하다는 아버지의 모순된 삶의 방식과 인생관의 지적 재생산에 지나지 않았다(아버지는 내가 42살 때 돌아가셨다).

물론 이는 현 시점에서 내가 분석한 내용으로, 당시의 나에게 그와 같은 분명한 인식이 있었던 것은 아니다. 그리고 당시의 내가 나 자신을 알고 싶다, 자신의 내면으로 거슬러 올라가고 싶다고 생각하여 시작한 일이 세키네 마키히코라는 필명으로 에세이, 창작, 평론 등의 집필 활동을 하는 것이었다. 집필을 시작한 계기는 일본 프래그머티즘(철학유파, 철학적 방법으로서의)의 대표적 인물인 쓰루미 슌스케鶴見俊輔 씨에게 몇 통의 편지를 보냈고, 오사카 고등재판소 근무 시절에 만나 집필을 권유받았던 것이었는데, 본격적으로 몰두한 것은 투병을 겪은 이후부터다.

필명으로 쓴 4권의 책에 일관적으로 흐르는 테마는 순수성, 인간의 근원이자 변하지 않는 고유한 생명인데, 장르는 달라도 그 책들이 연작 형태를 취하고 있는 것은 내가 관료재판관으로서 스스로의 생활 속에서 자신의 내면에 있는 본질적인 것, 변하지 않는 것의 탐구와 그곳으로 거슬러 올라가는 여행을 하지 않을 수 없었다는 사정에 의한 것이라고 생각한다.

내 연구도 역시 필명에 의한 집필과 비슷한 영역에서 진행된, 본질적으로는 아무런 보상도 없는 작업이었다.

결국 내가 이반 일리치와 같은 구속에서 벗어나 한 인간으로 돌아올 수 있었던 것은 투병과 필명에 의한 집필, 실명에 의한 연구, 집필이라는 세 가지 체험을 통해서였다고 할 수 있다. 뒤집어 말하면 처음부터 관료재판관으로서는 상당히 이질적인 존재였던 내 경우조차 이반 일리치적 구속에서 벗어나기 위해서는 그만큼의 큰 에너지를 필요로 하는 체험과 작업이 필요했다는 말이다.

투병 생활, 필명 · 실명에 의한 집필을 함으로써 재판관으로서의 내게 일어난 변화 중 하나는, 당사자의 마음을 이전보다 더 잘 이해하게 되었다는 점이라고 생각한다.

사법수습을 마친 후 바로 임용되는 일본의 재판관은 당사자의 마음을 좀처럼 이해하지 못한다. 아무리 안다고 말해도 말뿐이거나, 자신을 속이고 있는 경우가 대부분이다. 나는 그 가운데서도 가난한 가정에서 자랐다는 사실과 책, 예술을 가까이 접한 경험 덕분에 그나마 사람의 마음을 어느 정도 상상할 수 있는 편이었다고 생각하나, 거기에도 역시 커다란 한계가 있었다. 그것은 결국 대학을 나오자마자 관료 조직에 들어가 참된 의미의 슬픔도 기쁨도 몰랐던 것이 가장 큰 이유라고 생각한다.

책을 쓴다는 것은 언뜻 화려한 행위처럼 보일지도 모르겠지만, 사실 저자란 모든 것을 스스로 주장, 입증해야만 하는 나약한 원고原告에 지나지 않는다. 특히 집필을 막 시작한 시점에서는 더욱 그렇다. 어느 정도 실적을 쌓을 때까지 저자는 상당한 괴로움과 쓰라림을 맛보아야 하며 피 마르는 경험도 해야 한다. 하지만 다른 한편으로 책이라는 것은 적어도 몇몇 사람들의 무조건적인 호의와 편집자 등의 후원이 없으면 도저히 낼 수 없는 것이어서, 사람의 정을 깊이 느낄 수 있고 돈으로는 결코 살 수 없는 것이 세상에 존재한다는 사실을 깨닫게 되는, 일반적으로는 흔히 할 수 없는 경험도 하게 된다.

어떤 의미에서 당사자의 마음을 이해한다는 것은 그리 어려운 일이 아니다. '그거 억울했겠는데, 슬펐겠는데', '아아, 힘들었겠군', 혹은 '틀림없이 네게도 이유가 있고, 하고 싶은 말이 있겠지'라고 공감하는 마음으로 타인의 심정과 기분을 상상할 수 있느냐 못 하느냐의 차이다(물론 실제로 말을 할 때는 조금 더 정중한 표현을 사용하지만). 하지만 일반적인 학교 교육 속에서 이러한 마음을 키우기란 그리 쉬운 일이 아니다. 무엇이 되었든 절박한 실제 체험이 필요하다.

하지만 일본형 캐리어시스템 속에서는 결코 그와 같은 실제 체험을 얻을 수 없다. 오히려 처음에는 풋풋하고 순수했던 젊은이들조차 자신도 모르는 사이에 사람의 마음을 조금씩 잃게 만드는 것이 이 시스템의 특성이다.

| 제6장 |

지금이야말로 사법을 국민과 시민의 것으로

사법제도 개혁의 악용과 법조일원제도 실현의 필요성

| 일본 캐리어시스템의 비민주성 |

일본의 캐리어시스템은 정말 문제가 크다. 한마디로 말해서 비인간적인 시스템이다.

그 구성원에게는 참된 의미에서의 기본적 인권이 없다. 집회결사의 자유와 표현의 자유는 물론, 학문의 자유에도, 사상 및 양심의 자유에도 커다란 제약이 따른다. 일본국 헌법 제13조에는 '모든 국민은 개인으로서 존중받는다'고 되어 있으나 재판관은 몇몇 상층부를 제외하고는 거의 존중을 받지 못하고 있다.

허심탄회하게 그 실태를 바라보면 인간이라기보다는 오히려 제도의 노예, 정신적 수용소의 수감자에 가까우며 억압도 매우 크다.

그 구성원이 정신적 노예에 가까운 상황에 처해 있는데 어떻게 사람들의 권리와 자유를 지킬 수 있겠는가? 자신의 기본적 인권을 거의 대부분 박탈당한 사람이 어떻게 국민과 시민의 기본적 인권을 지킬 수 있겠는가?

스모 선수의 순위표와도 같이 세밀하게 구분된 상하관계가 존재하는 계층적 관료시스템은, 제2차 세계대전 이전과 같은 반半전체주의 체제 속의 재판소라면 모르겠으나 민주제 속의 재판소에는 전혀 어울리지 않는 것이다.

대학으로 옮긴 첫해, 6개월여 동안 나는 '그만뒀음에도 무슨 이유에서인지 여전히 재판관으로 있는' 악몽에 시달리곤 했다. 꿈속에서 나는 그 낯익은 건물, 깨끗이 청소가 되어 있으나 왠지 늘 더럽게 보이고, 햇볕이 잘 들어오는 곳에서도 왠지 음침한 느낌이 드는 건물의 한 방안에 있는데, 책상 위에 오래된 소송기록이 있고 나는 그 자리에 결박당한 것처럼 옴짝달싹 못한다.

한 변호사 후배가 "하지만 그 반대보다는 낫잖아요"라고 말했듯이 틀림없이 '꿈속에서는 그만두었는데 눈을 떠보니 여전히 판사'였다면 살아갈 기력을 잃었을지도 모른다. 끔찍한 농담이다.

앞서 얘기한 수용소 시스템에 참된 의미로서의 수용소장은 존재하지 않는다. 마르크스주의자인 시인의 다음과 같은 한 구절이 지금의 세계를 한마디로 표현하고 있다.

> 거리는 세상에 투쟁했던 규율에 둘러싸여 있고
> 수장首長도 패자敗者이며 숙박자宿泊者도 그렇다.
> —요시모토 다카아키, '반기도가半祈禱歌'

최고재판소 장관도 최고재판소 판사들(재판관 출신자 이외는 일단 제외하겠다)도 어떤 의미에서는 시스템의 노예일 뿐 주인은 아니다.

어쩌면 프란츠 카프카의 단편 <유형지에서> 속에서 묘사된 처형기계, 그 주인마저도 처형해버리는 부조리한 정밀기계야말로 이 시스템의 참된 지배자일지도 모른다. 최고재판소 장관이나 최고재판소 판사들은 오히려 기뻐하면서 그 기계에게 자신을 처형케 하는 장교들과 비슷하다는 생각이 든다.

대학으로 옮긴 뒤 재판소에 관한 소식을 들을 때 가장 허무한 것은 믿었던 선배나 지도했던 후배의 악평을 듣는 경우다. "뭐, 그(그녀)가 그런 행동을 했단 말이야? 그런 말을 했단 말이야? 그 사람은 부하를 생각하는 사람인 줄 알았는데 이제는 아닌가보군"이라는 말을 해야 하는 경우가 꽤 있다. 또 시스템 속에서 인간성이 결정적으로, 근본적으로 망가지는 사람들도 많다.

이제까지 말한 내용은 결코 나만의 의견이 아니다. 전 재판관, 그것도 나처럼 연구에 몰두하기 위해 도중에 직업을 바꾼 사람뿐만 아니라, 재판관으로 근무하다 정년퇴임한 뒤 변호사가 된 사람들의 의견도 나와 크게 다르지 않은 경우가 종종 있다.

내 말이 아닌, 어느 학자의 메일에서 인용해보기로 하겠다. 글 속의 이름을 숨기고 경어 표현을 다듬은 것 외에는 원문 그대로다.

'어젯밤에는 전 판사인 ○○씨와 저녁을 먹었습니다. 언제

이야기를 나누어 봐도 참으로 신뢰할 수 있는 분입니다.

○○씨도 사법제도 개혁에 대해서는 매우 쓴소리를 하셨습니다. 그리고 재판관들의 수준 저하가 눈에 띈다며 한탄하셨습니다. 변호사의 취업난이 심하니 적어도 재판관으로는 좋은 인재들이 모이고 있지 않나요, 하고 물었더니 "쟁점의 본질을 생각하려는 타입이 사라졌어요. 아주 형식적이고 겉핥기식으로 사건을 처리하는 판사들뿐입니다"라고 말씀하셨습니다. 그 온후한 ○○씨가 이렇게까지 말씀하시나 싶었습니다.'

이것이 전 양식파 재판관들에게서 흔히 볼 수 있는 전형적인 견해 중 하나이며 나도 다음과 같은 말을 자주 듣곤 했다.

"책(≪민사소송의 본질과 여러 모습≫)은 읽었네. 자네도 법조일원제도가 좋겠다고 생각하게 되었나? 나도 그렇게 생각하네. 최근의 재판관들은 너무 한심해. 설마 이 지경까지 왔으리라고는 생각지 못했어. 무엇보다 녀석들 너무 거만해, 너무 안하무인이야. 당사자의 입장은 조금도 생각지 않아. 게다가 판결도 화해도 무사안일주의에 빠져서 적당히 하고, 깊이 생각하지 않아. 쟁점 정리 때의 말을 들어보면 (소송)기록도 제대로 읽지 않았다는 사실을 금방 알 수 있어. 이래서야 재판소의 앞날이 어떻게 될지."

즉, 전체적으로 봐서 도덕성과 사기 저하 경향을 부인할 수 없다는 말이다. 그야말로 재판소는 '이곳은 패자로 가득한 거리'라고 노래한 브루스 스프링스틴의 명곡 '선더 로드Thunder Road'에 등장하는 그런 장소가 되어가고 있다.

한 최고재판소 장관이 신임 판사보에 대한 임명장 수여식에서 '넙치 같은 재판관은 필요 없다'는 훈시를 한 적이 있었다. 위의 눈치나 보는 재판관은 필요 없다는 취지였다. 이것도 역시 참으로 씁쓸한 농담이다. 가장 빼어난 농담 중의 농담이라고 평가해야 할지도 모르겠다.

시스템의 가장 거대한 톱니바퀴 중 하나가 되어 넙치 재판관을 대량생산해온 것은 다름 아닌 당신, 당신들이 아닌가? 끊임없이 두 가지 얼굴을 구분해서 사용해온 결과 이제는 자신이 해온 일, 하고 있는 일조차 완전히 볼 수 없게 되어버린 걸까? 혹은 한 입으로 두 말 하는 것이 완전히 습관이 되어버려 그 사실에 대한 자각조차 하지 못하게 된 것일까? 아니, 아니. 그런 게 아니라 사실 그것은 그저 말이 잘못 나온 것일 뿐, 원래는 '넙치 재판관 이외에는 필요 없다'라고 말할 생각이었던 것일지도 모르겠다.

물론 상당히 소수파가 되어버리기는 했지만 좋은 재판을 하겠다고 마음먹고 하루하루의 업무에 애쓰는 양식파 재판관, 양심적 재판관도 아직 일정 비율로 존재하기는 한다. 그들의 존재가 재판관에 대한 신뢰를 간신히 지탱하고 있는 것이라 해도 좋을 것이다.

하지만 그들이 시스템의 결정권을 쥐는 일은 절대 없을 것이다. 그리고 관료조직이라는 것은, 그 상층부에 올라선 인간이 아니면 극히 작은 부분이라도 고칠 수 있을 만한 것이 아니다.

| 재판관의 능력 저하, 우수한 재판관의 이탈 경향 |

재판관의 능력 저하도 중대한 문제다. 일본의 재판 시스템은 재판관의 능력이 높다는 사실을 전제로 그들에게 큰 재량권을 주었기 때문에 재판관의 도덕성 저하는 물론 평균적인 능력의 저하만으로도 참담한 결과를 낳을 수 있다.

신임 판사보의 능력 저하 경향은 어제 오늘 시작된 문제가 아니다. 거품경제 시대에 이미 평균적인 수습생의 수준에도 미치지 못하는 능력과 성적을 가진 사람이 상당수 재판관으로 임용되었으며, 이제는 그들이 재판장이 될 나이가 되기 시작했다. 또한 이러한 경향은 불황기에 접어들어서도 전혀 개선되지 않고 오히려 더욱 악화되었다.

그리고 내가 이 책에서 거듭 강조해온 것처럼 재판소·재판관제도가 갖고 있는 문제점의 근본적이고 근원적인 개선이 이루어지지 않는다면 앞으로도 우수한 인재를 확보하기는 더욱 어려워질 것이다.

그렇다면 재판관 전체에 대해서는 어떨까?

최근 저명한 학자로부터 "예전에 비해서 요즘 최고재판소 조사관이나 사법연수소 교관의 질이 떨어진 것 아닙니까?"라는 질문을 종종 받는다. 판례 해설이나 논문 등을 읽고 난 뒤, 혹은 어떤 기회로 그들과 접촉하고 난 뒤의 느낌일 것이다.

또한 도쿄 지방재판소, 도쿄 고등재판소 판사장의 수준도 예전처럼 고르지 못해서 반드시 뛰어난 재판관이라고는 말할 수 없을 뿐만 아니라, 심한 경우에는 이 사람이 정말 도쿄 지방재판소, 도쿄 고등재판소의 재판장일까 의심스러울 정도의 소송지휘, 화해, 판결을 보게 되는 경우가 있다는 얘기를 변호사로부터 자주 들었다. 뿐만 아니라 전 재판관들 사이에서도, 혹은 베테랑 현역 재판관들 사이에서까지 그런 목소리가 나오고 있다.

이 같은 경향은 재판관의 전반적인 수준 저하를 시사하는 중요한 징표가 아닐까 여겨진다.

그 원인으로는 캐리어시스템의 피폐, 황폐 외에도 예전보다 객관성이 없어진 인사人事 문제를 들 수 있겠다. 특정 고등재판소 장관, 고등재판소 재판장, 혹은 소장(일반적으로 말해서 특히 도쿄 고등재판소의 재판장이나 오사카 지방재판소 소장의 평가권은 영향력이 한층 더 크다)이 높이 평가했다는 이유만으로 능력이 떨어지는 사람이 발탁되는 사례가 눈에 띄며, 특정 재판관(들)이 특정 후배(들)를 편애하여 좋은 자리에 앉히는 등 명백한 정실인사도 눈에 띄게 늘었다. 예를 들어 재판소 상층부와의 사이에 강력한 연줄을 가진 어떤 여성 재판관이, 자신이 영향력을 행사해온 후배 여성 재판관들을 노골적으로 승진시키는 인사를 계속적으로 행해왔던 일이 떠오른다.

특히 사법행정의 상층부에서는 그러한 인사가 눈에 띄게 늘었으며, 또 젊은 재판관들에 대해서도 능력 있는 사람이 반드시 인정을 받는 것이 아닌, 예전에는 생각조차 할 수 없었던 사태가 발생하기 시작하고 있었다.

수습생들의 지원 상태를 살펴봐도 지난 20년 간, 우수한 수습생의 대부분이 변호사가 되는 경향이 강해졌다는 사실을, 실제로 수습생을 지도해보고 잘 알게 되었다. 내가 관심을 갖고 지도했으며, 또 상대방도 연하장을 보내는 등 잘 따랐던 사람 중 70~80퍼센트 정도가 변호사가 되었다.

그리고 최근 재판관을 그만두는 사람들이 예전에 비해서 늘었으며, 그것도 비교적 우수한 재판관들이 그만두는 경향이 강해졌다고들 한다. 도쿄를 중심으로 근무하고 있는 이른바 엘리트 재판관 가운데조차 지금의 재판소의 상황이나 재판관 생활에 염증을 느껴 퇴임하고 변호가가 되고 싶다는 상의를 해오는 사람들이 꽤 많다는 얘기를 성공한 베테랑 변호사로부터 들은 적도 많았다.

"태평양전쟁에 돌입했을 때의 일본에서, 몇 년 사이에 자유주의자들이 어느 틈엔가 사라지고 전체적으로 순식간에 부패하기 시작했다는 얘기를 들은 적이 있습니다. 한 나라조차도 이럴진대 재판소라는 조직이 전체적으로 부패하는 것은 더욱 있을 법한 일이라고 생각합니다."

제2장에서 인용한 한 학자의 코멘트를 다시 떠올려보시기 바란다. 우수하고 양심적인 구성원이 피로, 환멸, 실망, 절망하여 빗살의 이齒가 빠지듯 빠져나가는 것은, 혹은 기회만 있으면 빠져나가야겠다고 생각하게 되어가는(물론 후자가 전자보다 훨씬

숫자가 많다는 사실에 주의할 필요가 있다) 것은 조직의 전형적인 말기적 증상이다. 최근에 보이는 캐리어시스템의 피폐, 황폐는 이미 그러한 단계에까지 와 있다.

다시 말해서 '일본의 재판관은 우수하다'는 등의 말은 이제 신화, 환상이 되어가고 있다. 행정관료에 있어서는 상당히 이전부터 진행되어 온 질적 저하가 재판관, 즉 사법관료에 있어서도 현저해져가고 있다는 사실을 정확히 인식하지 않으면 정말 돌이킬 수 없는 사태를 맞이하게 될 것이다. 실무를 아는 일개 학자로서 경고해두고 싶다.

재판관의 능력에 대해 한마디 덧붙인다면, 그것은 재판소의 문제이자 동시에 그 이상으로 사법제도 전체의 문제이기도 하다. 재판관 능력 부족의 여파는 결국 사법제도의 이용자, 즉 국민과 시민, 변호사에게까지 미치기 때문이다.

앞에서 말한 것처럼 재판관으로서의 능력이 부족한 재판관을 일컬어 변호사들이 '연못가에 떨어진 재판관'이라고 부른다는 말을 들은 적이 있다. 골프에 비유한 것이다. 재판관 출신 학자로서는 뜨끔한 얘기지만, 그와 같은 재판관을 만난 변호사의 고충을 잘 표현한 말이라고 생각한다.

하지만 지금까지의 일본의 제도는 재판관의 수준이 그럭저럭 유지되고 있었기에 '연못가에 떨어진 재판관' 정도였지만, 그것이 '연못에 풍덩'이 된다면 큰일이 아닐 수 없다.

평균 수준에서 재판관 능력의 큰 편차, 극단적인 질 저하가 발생하는 사태가 벌어진다면 캐리어시스템의 근간이 흔들릴 수도 있다. 그렇다고 그것을 개선하기 위해 서둘러 허둥지둥 법조일원제도를 도입한다 해도 뛰어난 변호사가 전부 재판관으로 임관할 리는 없을 테니, 다시 재판관의 질을 일정 수준까지 끌어올리기란 결코 쉬운 일이 아닐 것이다. 연못가에 떨어진 정도의 공이라면 옷이 약간 젖는 정도에서 주울 수 있지만, 진흙 속 깊이 들어간 공을 긁어 올리려면 상당히 많은 비용을 필요로 한다. 이러한 관점에서도 법조일원제도로의 이행 내지 그를 위한 기반 정비는 가능한 한 빨리 시행하는 것이 바람직하다. 너무 늦기 전에 시작해야 한다는 말이다.

| 캐리어시스템의 실질적인 붕괴 가능성 |

이 책에서의 논의로 분명해진 것처럼 일본의 캐리어시스템은 그 성격상 애초부터 자동적으로 그 구성원을 망가뜨리는 경향이 강한 것이다. 예를 들어 민사재판관을 살펴보면, 곤란한 법적 판단에 대한 재판관의 어정쩡한 자세, 무사안일주의에서 오는 대세 추종 경향, 화해의 강요와 강제 등의 문제가 있음에도 불구하고 최근까지 그것이 간신히 유지되어 온 것은 전적으로 재판관의 질이 어느 정도 갖춰져 있었기 때문이며, 그를 위해서 적어도 평균적인 재판관에게는 남에게 손가락질 당하지 않겠다는 자부심이 있었기 때문이다.

하지만 앞서 말한 것처럼 최근에는 그러한 기반도 서서히 무너져가고 있다.

또한 일본의 캐리어시스템에는 재판관 임용을 희망하는 사람들의 일반적인 권력지향, 상승지향이라는 문제점도 있다. 이는 숨겨져 있어 본인조차 깨닫지 못하는 경우가 종종 있으나, 드러내놓고 거론되지 않는 사실이며 진실이라고 나는 생각한다.

나 자신도 이런 조직에서는 상층부까지 오르지 않겠다고 생각한 것은 두 번째 최고재판소 근무 경험을 거친 뒤였으며, 그 전까지는 숨겨진 상승지향을 가지고 있었다고 생각한다. 그리고 내가 알고 있는 여러 재판관들의 얼굴을 하나하나 떠올려 보아도, 좌파나 그 동조자였던 재판관의 상당부분까지도 포함해서 겉으로 드러날 정도로, 혹은 잠재적으로 그러한 상승지향을 가지고 있지 않았던 재판관은 오히려 극소수가 아니었을까 하는 느낌이다.

하지만 이는 틀림없이 건전한 현상이 아니다. 오히려 불건전한 현상이다. 예를 들어 젊었을 때부터 최고재판소 판사가 되겠다는 야망을 가슴에 품은 채 재판관 생활을 해왔다면, 그 사람은 아무리 잘되어도 이반 일리치 이상의 존재는 될 수 없기 때문이다. 그 결과로써 나타난 것이 제2장에서 분석한 최고재판소 판사의 성격 유형인 것이다.

미미하고, 근거도 없는 등급을 세세하게 만들어서 구성원을 서로 다투게 하는 생존경쟁의 마력魔力에 저항할 수 있는 타입의 인간은, 안타깝지만 일본형 캐리어시스템의 구성원 가운데는 극소수에 불과하다.

이 시스템은 머지않아 실질적으로 붕괴할 것이라고 나는 생각한다. 그 붕괴는 재판관의 능력과 도덕성의 점진적인 저하, 그리고 그와 마찬가지로 재판, 화해, 소송지휘의 점진적인 저하처럼 단번에 그런 결과가 드러나지는 않는 형태로 서서히, 하지만 확실하게 찾아올 것이라 생각된다.

그리고 일단 그렇게 되어버리면 설령 최고재판소가 얼마간 훌륭한 판결을 내린다 할지라도 거의 의미가 없다. 하급심 재판소야말로 재판의 생명선으로, 거기에 치명상을 입으면 그 사법 시스템은 끝난 것이나 다를 바가 없다.

물론 그 시기는 알 수 없다. 제2차 세계대전 이전부터 오래도록 유지해온 시스템이니 앞으로도 상당 기간 유지해 나갈지도 모른다. 하지만 근본적으로 비민주적인 이 시스템이 민주제 아래서 영원히 계속될 것이라고는 여겨지지 않는다. 구소련이 필연적으로 붕괴한 것처럼 이것이 내부에서부터 붕괴할 날이 언젠가는 찾아오리라 생각한다. 그리고 구소련의 붕괴 후 마피아 세력이 권력을 장악하여 체제의 진정한 민주화가 방해받은 것과 같은 결과는 피해야 하지 않을까 생각하고 있다.

| 변호사의 임관제도와 판사보의 타 직종 경험제도의 한계 |

하지만 재판소와 재판관제도의 개혁은 결코 간단한 문제가 아니다. 그 사실을 단적으로 보여주는 예가 사법제도 개혁 전부터 존재했던 변호사의 재판관 임관제도, 역시 개혁 전부터 존재했으나 개혁에 의해 그 대상이 판사보 전원으로 확대된 판사보의 타 직종 경험제도이다.

현재의 변호사 임관제도(일정 경력이 있는 변호사를 상근, 비상근 '조정사건 담당' 재판관으로 임용하는 제도)는, 임용된 변호사의 숫자가 극소수에 불과하다는 사실과, 뛰어난 변호사가 임용되는 예가 그리 많지 않다는 사실 때문에 법조일원法曹一元 제도의 부분적 실현이라는 취지에서 상당히 멀어져버렸다.

이 책에서 밝힌 바에 의해서 아셨으리라 생각되는데, 보이지 않는 그물처럼 사방에 깔린 강력한 정신적 통제에 오염되지 않을 정도로 강인한 지력知力, 정신력을 가진, 그리고 우수한 인물이 재판관으로 임용된다면 그 수는 적다 할지라도 그야말로 단단한 바위에 굵은 정을 박는 것과 같은 효과를 기대할 수 있을 것이다. 하지만 상식적으로 생각해봐도 능력이 뛰어난 성공한 변호사가 안정된 지위를 버리고 지금과 같은 사법제도 하에서 앞날이 어찌 될지도 모르는 일자리로 옮기는 위험을 감수하면서까지 임관한 예가 그리 많지 않을 것이라는 사실은 쉽게 상상할 수 있을 것이다. 변호사들로 하여금 그처럼 불확실한 전직轉職을 결심하게 할 만큼 지금 재판관들이 하고 있는 일은 매력적이지 않기 때문이다.

그리고 재판관 업무를 처리하기에 급급한 변호사 출신 임용자라면 곧 조직 속으로 빨려 들어가 '벽을 구성하는 또 하나의 벽돌'이 되어버릴 것은 불 보듯 뻔한 일이다. 법조일원제도가 가진 취지의 실현은 근본적이고 근원적인 제도개혁을 단행하지 않은 한 어려울 것이다.

변호사 출신 임용자의 명예를 위해 덧붙여두자면, 관료재판관 특유의 콧대가 하늘을 찌를 것 같은 오만함, 자기규제와 억압, 그 반작용으로 드러나는 깊은 질투심과 같은 단점이 변호사 출신에게서는 그다지 보이지 않는다. 당사자의 심정을 관료재판관보다는 훨씬 더 잘 이해하며 따라서 당사자가 납득할 만한 화해를 성립시키는 데도 능숙한 사람이 많기 때문에 그런 측면에서는 당사자에게 좀 더 좋은 재판관이라고 생각한다.

이러한 변호사 임관제도가 있기는 하지만 임용자 수가 많지 않고 특히 최근 들어 그러한 경향이 두드러진 것은(2010년에 이르러서는 겨우 1명. 여기서 말하는 것은 상근 재판관으로서의 임용자) 이 제도가 앞서 말한 것과 같은 한계와 문제를 포함하고 있는 것은 물론이고, 좀 더 솔직히 말해서 사무총국 자체가 변호사 출신 임용자를 채용하고 싶어 하지 않기 때문은 아닐까?

최근에는 사법제도 개혁의 열기도 식어서 외부에 보이기 위한 전시용으로 최소한도의 채용을 할 뿐이라는 본심이 노골적으로 드러난 것은 아닐지 모르겠다. 또한 대다수의 변호사들도 그 사실을 알고 있기 때문에 희망자도 극소수에 불과한 것은 아닐까?

어쨌든 변호사 임관제도가 재판소 당국의 '외부에 보이기 위한 전시용으로서 일단 제도의 겉모양만 꾸미려 하는 경향'을 여실히 보여주는 것이 되어버린 것만은 틀림없는 사실이다.

제도의 표면만을 꾸민 결과로 끝나버린 또 하나의 개혁이 이른바 '판사보의 타 직종 경험제도'인데, 판사보가 일정 기간 동안 기업, 관청, 변호사 사무소 등에 실제로 파견을 나가는 것이다. 예를 들어 기업에서 한동안 '손님'으로 지낸다고 해서 무엇인가를 진정으로 배울 수 있으리라고는 생각되지 않으며, 관청으로의 파견은 원래부터 관료적인 성격이 강한 일본의 재판관에게 긍정적인 의미는 거의 없고 고작해야 안 좋은 지혜만을 배워올 것이 뻔하다. 변호사 사무소 파견의 경우는 다른 곳의 파견보다 의미가 있을지도 모르겠다. 하지만 어떤 경우든 이와 같은 파견으로 판사보의 인격이 성장해서 당사자의 마음도 잘 이해하게 된 예는 지금까지 한 번도 본 적이 없다. 캐리어시스템이라는 수용소 같은 제도와 조직 속에 있다가 일시적으로 거기에서 벗어나 파견을 나가는 것만으로 그 의미가 한정되고 말 것이다.

만약 이 제도를 보다 의미있는 것으로 만들고 싶다면 예를 들어 판사보 전원에게 종합법률지원법에 근거한 법테라스(일본사법지원센터. 상근직 변호사가 다수 존재)처럼 공익을 목적으로 하는 기관에서 수년 동안 변호사 경험을 쌓게 하거나, 역시 변호사로서 사회복지 분야, 혹은 가족이나 자녀문제 등을 다루는, 국민생활과 밀접한 관계가 있는 공공기관에서 법률지원 업무를 수년 동안 체험토록 하는 등의 방향을 생각해보아야 할 것이다. 하지만 이와 같은 방향에 대해서 사무총국은 거부반응을 보일 가능성이 높다. 그런 일을 통해서 판사보들의 '큰 정의'와 '작은 정의'에 관한 감각이 조금이라도 눈을 뜨면 사무총국이 매우 불리한 입장에 놓여 일이 귀찮아지기 때문이다.

| 사법제도 개혁을 무효화하고 악용한 사무총국 해체의 필요성 |

캐리어시스템의 개선 방향에 대해서는 나도 ≪민사소송의 본질과 여러 모습≫에서 논한 바 있다. 요점은 재판관의 자기 객관화, 행정조직 부분 전반의 가능한 한도 내에서의 간소화와 투명화, 그리고 인사의 투명화, 능력 중심의 공정한 평가 등이다.

최고재판소 사무총국 조직을 최대한 정리해서 투명하게 만들고 막강한 권한을 축소하는 것이 무엇보다도 중요하다는 점도 그 책에서 논한 바 있다.

하지만 문제는 그것이 과연 가능할까 하는 점이다. 이제는 자정작용自淨作用을 기대할 수 없는 캐리어시스템의 근본적, 근원적 개선은 외부로부터 단행할 수밖에 없는데, 그것은 매우 어려운 일임에 틀림없다.

왜냐하면 2000년에 행해진 사법제도 개혁의 주요 목적 중 하나가 캐리어시스템의 개선이었음에도 불구하고 재판소 당국은 제2장, 제3장에서 상세히 논한 것처럼 그것을 유명무실화하고 무효화했을 뿐만 아니라 악용까지 해왔기 때문이다.

또한 이것은 결코 다케사키 장관 한 사람만의 문제가 아님도 이미 밝힌 바 있다. 지금의 재판소는 이미 관료조직을 망가뜨리는 '독'이 전신에 퍼져 있는 상태이기 때문에 근본적이고 근원적인 개혁이 행해지지 않는 한, 그가 퇴임한 후에도, 그리고 형사계 재판관에 의한 인사권 지배의 한 시기가 끝난 뒤에도 여전히 같은 경향이 계속될 가능성이 매우 높다.

요컨대 사법제도 개혁은 일본의 재판소와 재판관제도가 갖고 있는 문제의 근원, 모든 악의 근원이 되고 있는 최고재판소 사무총국의 다양하지만 외부에서는 잘 보이지 않는 재판관 지배와 통제, 그리고 철저한 상명하복, 상의하달 등과 같은 문제는 도외시한 채, 사무총국 중심 체제를 손대지 않고 온존溫存해버린 근본적 과오를 범했다. 그리고 재판원제도 도입 결정 후에는 오히려 이러한 체제가 더욱 강화되어 지금은 최고재판소 지배, 사무총국 지배, 상명하복, 상의하달 시스템이 예전보다 더욱 견고해져버렸다.

설령 외부로부터의 개혁을 다시 시도한다 할지라도 최고재판소와 사무총국은 틀림없이 수단을 가리지 않고 그것을 유명무실화, 무효화하고 경우에 따라서는 악용까지도 할 것이다. 사법제도 개혁에 관한 법안을 준비, 작성하는 법무관료가 파견 나간 재판관이라는 사실을 생각한다면 그것은 간단한 일이다. 무거운 전과를 가진 재판소 당국을 다시 한 번 믿어보자고 한들 나로서는 도저히 불가능한 일이다. 더는 씁쓸한 경험을 되풀이하고 싶지 않다.

이용자인 국민과 시민들도 두 번 속고 싶지는 않다고 생각하고 있지 않을까?

나는 일본의 재판소, 재판관제도의 근본적, 근원적 개혁으로 몇 가지를 제안하고 싶다.

법조일원제도의 채용, 도입과 함께 최고재판소 장관의 지위를 예를 들면 대학의 학장처럼 동급 중에서의 수석首席으로 단순화하고, 사법행정권은 원래의 원칙에 따라 투명성을 확보해서 최고재판소 재판관회의에 귀속시키고, 모든 악의 근원인 최고재판소 사무총국을 기본적으로는 해체하고, 재판관의 임용, 재임용, 배치에 있어서는 최고재판소에서부터 간이재판소에 이르기까지 진정으로 열려 있는 투명한 시스템으로 행하도록 한다(인사국은 완전히 해체해야 한다).

그리고 사무총국의 그 밖의 순수 행정계 부문의 업무는 예를 들어 대학과 마찬가지로 순수한 사무만을 맡게 하고, 사건계 부문은 꼭 남기고 싶다면 역시 지적知的 작업을 하는 사무담당 분야로서 젊고 우수한 재판관에게 새로운 입법을 위한 순수한 자료작성이나 연구회를 위한 준비만을 하는 방향(재판소 당국의 방침을 재판관들에게 강요하는 것은 일절 금지한다)으로 진행하는 수밖에 없다고 생각한다. 사무를 맡는 부서의 명칭도 전체주의적 공산주의 국가의 중앙관청을 연상시키는 '사무총국'이 아니라 초창기 때처럼 '사무국'으로 바꾸면 충분할 것이다. 물론 법무성을 '막후의 사무총국'으로 삼으려는 책동도 용납해서는 안 된다.

어쨌든 근본적, 근원적인 개혁에 필사적으로 저항할 것이 틀림없는 재판소 당국이나 법무성을 절대 믿어서는 안 될 것이다.

| 법조일원제도 실현의 가능성과 필요성 |

물론 일본 변호사의 지금의 상황을 고려해보면 법조일원제도가 실현되는 것은 상당히 먼 훗날의 일이 될 것이라는 의견도 있다.

하지만 나는 '변호사 가운데서도 우수한 사람들'이 재판관이 되는 것을 가능케 하는 여건만 갖춰진다면 일본에서도 법조일원제도의 실현은 어려운 일이 아니며, 오히려 충분히 가능하고 또 바람직한 일이라고 생각한다.

왜냐하면 일본의 변호사는 법조일원제도를 지탱해나갈 수 있을 만큼 그 층이 이미 충분히 두터워졌다고 생각하기 때문이다. 또한 여러 가지 의미에서 변호사 중에서도 뛰어난 사람들이 재판관이 된다면 일본의 재판, 그 판단의 수준과 창조성, 민주성, 그리고 화해의 내용과 투명성은 최고재판소에서도, 하급심 재판소에서도 확실히 향상될 것이라고 생각한다.

재판관의 능력에 대해서는, 사실을 이야기하자면 재판관 다수가 (이 책에서 밝힌 것과 같은 의미까지도 포함해서) 뛰어난 재판관으로서의 조건을 충분히 갖추고 있다고는 도저히 말할 수 없는 상황이라는 점이다. 이 부분에 대해서는, 내가 만나본 범위 안의 뛰어난 변호사의 거의 전원이, 그리고 뛰어난 재판관 중 다수가 이구동성으로 인정하는 부분이었다.

내가 그 사실을 여기에서 굳이 얘기하는 이유는 법조일원제도를 도입하면 재판관의 역량이 큰 폭으로 떨어질 것이라는 의견이 반드시 옳은 것만은 아니며, 유능한 사람들이 다수를 차지할 수 있는 제도를 설계하기만 한다면 아무런 문제가 없을 것이라는 사실을 확인하고 싶었기 때문이다.

물론 여기서 말하는 뛰어난 변호사란, 수입이 많은 변호사를 의미하는 것이 아니며, 돈으로 고용한 유능한 총잡이 같은 변호사를 의미하는 것도 아니다. 능력과 식견이 탁월하고 넓은 시야를 가지고 있으며 재판관 업무에 대한 인식에 있어서도 겸허하고, 또 타인의 마음속 아픔을 헤아릴 줄 아는 변호사라는 뜻이다. 특히 넓은 시야와 겸허함은 지금의 관료재판관에게 결여되기 쉬운 자질이니, 법조일원제도가 실현되면 그 제도하의 재판관들은 이러한 자질을 꼭 갖추어주었으면 하는 바람이다.

한편 지적 능력이라는 점만 놓고 보면 변호사는 캐리어시스템 재판관에 비해 떨어지는 것이 아닐까 생각하는 독자가 계실지도 모르겠으나 변호사 가운데 능력이 뛰어난 사람들과 비교해 보면 결코 그렇지 않다(전체를 비교하면 임용 가능한 성적에 하한선이 있기 때문에 그것을 충족시키지 못한 사람은 변호사가 될 수밖에 없으니 상대적으로 재판관이 높은 것은 당연한 일이다).

사실 예전부터 우수한 수습생의 대부분은 변호사가 되었다. 하나의 예에 지나지 않지만 내가 사법시험에 합격한 해에 도쿄

대학 4학년 재학생 신분으로 합격한 사람은 10여 명이었는데 그 중에서 재판관이 된 사람은 4~5명밖에 되지 않으며 나머지는 대부분이 변호사가 되었다. 그리고 내가 알고 있는 한, 요즘에는 우수한 수습생 중 70~80퍼센트 정도가 변호사가 된다. 다시 말해 장기불황 속에서도 변호사의 인기는 계속 상승 중이다. 최근 언론에서 벌이고 있는 변호사에 대한 네거티브 캠페인은, 누가 주도하는 것인지는 잘 모르겠지만 위와 같은 실태를 제대로 전달하고 있지는 못하다.

예를 들어서 재판관은 10년 내지 15년 이상의 경험을 쌓은 변호사, 혹은 학자 가운데서 채용하기로 하고(미국의 주 최고재판소와 연방재판소의 판사 중에는 학자 가운데서 '일시적으로' 등용되는 사람이 어느 정도 있었다), 경우에 따라서는 범위를 더욱 넓혀 변호사나 학자 이외의 법률 전문가 중에서도 일정 시험을 통해 선발하여 등용하는 방법도 생각해보면 좋을 것이다. 이는 재판관이 되기를 희망하는 변호사의 숫자와 다양성이 불충분할 경우의 보완책이다.

법조일원제도의 전제로는 ①재판관의 집무 여건을 가능한 한 여유 있도록 할 것. ②재판소에 자유로운 분위기를 들여와 뛰어난 변호사가 한 번쯤, 혹은 평생 해보고 싶다고 생각할 수 있을 만한 환경으로 정비할 것. ③재판소 전체의 판단이 그 양量과 질質, 다양성을 충분히 유지할 수 있도록 최고재판소 외에 가능하다면 고등재판소에 대해서도 미국의 로클럭law clerk과 같은 보좌관

제도를 구축할 것. 이와 같은 조건을 충족할 필요가 있다고 생각한다.

이에 대해 좀더 자세히 차례대로 해설을 해보겠다.

우선 ①에 대해서, 제1심 판결은 결론과 결론을 도출한 이유를 알기 쉽고 적확하게 명시하면 그것으로 충분하다고 과감하게 결정하면, 재판관의 여유로운 집무 실현이 그리 어려운 것이 아니다. 재판관의 부담 중 크게 차지하는 부분이 바로 판결문 작성이기 때문이다. 또한 재판관의 능력을 일정 수준으로 유지한다면 그와 같은 판결로 처리했다 할지라도 잘못된 판단을 하는 사태가 늘어날 일은 없으리라 생각된다. 그래도 아무래도 불안하다고 생각된다면 합의심에서만 종전처럼 자세한 판결문을 쓰게 하면 될 것이다(물론 상당한 실무 경험을 쌓은 변호사가 재판관이 되는 법조일원제도에서 제1심은 단독심을 원칙으로 하고, 3명의 재판관에 의한 합의심에 대해서는 지금보다 범위를 제한하는 편이 옳다). 또한 판결 방법을 위와 같이 바꾸면 판결문을 써야 한다는 부담을 덜기 위해 재판관이 화해를 강요, 강제하는 경향도 개선될 것이라 생각된다.

한편, 일본의 재판관이 진짜로 '극히' 바쁜가 하는 점에 대해서는 제4장에서 자세히 논한 바 있는데, 적어도 현 시점에서는 그렇지 않다고 생각한다. 미국과 비교해보면, 일본의 민사재판관들은 미국의 재판관보다 약간 바쁠 테지만 형사재판관은 기껏해야 비슷한 정도이거나 약간 여유가 있으리라 생각된다(미국의 재판관은 내가 유학했을 당시보다는 바빠졌다고 하는데, 그 사실을 반영해서 서술한 것이다). 내가 여기서 판결의 합리화에 대해서 논한 것은 법조일원제도에서 재판관의 직업으로서의 매력을 높여 희망자를 늘려보겠다는 관점에서의 의견이지, 현 재판관들의 부담이 너무 크다고 생각했기 때문은 아니다.

다음으로 ②항에서 말한 자유로운 분위기 조성에 대해서. 그와 같은 환경정비를 위해 무엇을 하면 좋을지는 이 책의 곳곳에서 이미 밝혀왔다고 생각한다. 미국 재판관의 급여 수준은, 내가 알고 있는 주 재판소의 급여를 보면 결코 높지 않지만(일본이 훨씬 더 높다), 그래도 희망자가 부족하지 않은 것은 그야말로 양심에 따라 재판을 하기만 하면 되고, 극단적으로 바쁘지도 않고, 사회의 흐름에 관여하고 있다는 실감도 가질 수 있는, 그 일이 매우 매력적으로 보이기 때문이다. 그것을 배우면 된다. 또한 재판관의 전근도 최소한으로 줄여서 재판관의 숫자가 부족한 지역에만 도쿄 등에서 교대로 부임하는 방향으로 진행해 나가야 할 것이다.

마지막으로 ③항의 보좌관 제도에 대해서. 미국처럼 법과대학원을 우수한 성적으로 졸업한 사람들이 선택하는 첫 번째 직업으로 로클럭이 되도록 급여조건이나 근무조건을 정비하면 된다. 그보다 중요한 것은 로클럭의 향후 일자리인데, 대학이나 변호사 사무소에서 채용을 할 때 로클럭 업무를 수료한 사람을 우대하면 문제는 간단히 풀릴 것이다. 그렇게 해서 로클럭 경력자에 대한 평가가 높아지면 희망자도 반드시 늘어날 것이다(미국에서는 로클럭을 경험한 뒤 학자가 되는 사람들이 많다. 이렇게 되면 학자가 실무를 알고 있다는 의미에서도 커다란 이점이 있다).

여기에 덧붙여 각 변호사의 인격적 측면에 대해서도 지금보다 더욱 내실을 다지고(특히 넓은 시야와 깊이, 그리고 국민과 시민의 권리와 자유에 대한 예민한 감각을 기르도록), 그 중에서 뛰어난 사람이 재판관, 특히 상급심 재판관을 목표로 하는 자세가 변호사 측에서도 생겨야만 법조일원제도가 제대로 기능할 것이다. 제도 실현을 위해서는 변호사 전체, 변호사협회 전체가 적극적으로 임할 필요가 있음은 말할 필요도 없다.

그리고 일본 사법의 특징적이고도 큰 문제 중 하나로, 재판관의 권위주의에 기대어 비교적 능력이 떨어지는 변호사 층이 거기에 영합하려는 경향이 있다는 사실을 들 수 있는데, 법조일원제도를 도입하면 그러한 변호사들의 모습도 개선되어 법률가 본연의 바람직한 모습인 자기책임의 원칙이 실무에서도 확립될 것이다.

법조일원제도에서의 재판이 일본의 재판 환경과 얼마나 다른지는, 상당한 법률지식과 경험을 가진 사람이 미국 등 법조일원제도를 채택한 여러 나라를 찾아가서 거기서 재판과 법률 교육의 실제를 보지 않고서는 제대로 이해할 수가 없다. 일본의 제도와는 너무나도 다르기 때문에 쉽게 상상할 수가 없다. 내가 이 책에서 바람직한 사법의 모습(물론 그것은 하나의 '이상理想'이기는 하지만)과 일본 사법의 현실이 어떤 측면에서 어떻게 다른지를 상당히 도발적으로 논한 것은, 바로 이런 이유 때문이다.

이전부터 존재한 것에는 그 나름대로의 근거가 있고 그 결점은 잘 보이지 않으며, 그것과 다른 것은 상상하기가 쉽지 않다. 하지만 그것을 상상해보려는 용기와 노력이 필요하다.

일본의 이웃나라인 한국은 예전부터 다른 분야와 마찬가지로 법학과 사법제도 역시 일본의 것을 모델로 삼아 모방해왔으나, 법과대학원 구상 이후부터는 그 제도를 일본보다 더욱 성공시켰다. 또 법조일원제도의 채용과 도입을 염두에 둔 사법의 민주화, 성숙(그것은 사회의 커다란 활력소가 될 수 있다)을 향한 제도 개혁을 착실히 성공시켜 그런 점에 있어서는 일본을 추월해 나가고 있다는 사실도 지적해두고 싶다. 영화의 수준이나 가전제품의 경쟁력뿐만 아니라 사법제도, 재판, 민사 각법의 입법 등 국민, 시민의 생활과 권리와 밀접한 관계가 있는 중요한 분야에 있어서까지 일본이 한국과 중국을 비롯한 아시아 각국에 뒤지는 사태가 일어나는 것만은 피해야 하지 않을까?

| 헌법재판소의 가능성 |

일본 사법의 질을 향상시키기 위해서는 재판관제도의 근본적인 개혁과 함께 헌법판단을 활성화시켜 나갈 필요도 있다. 그러기 위해서는 헌법판단을 적절히 끼워 넣을 수 있도록 개별적인 소송형식을 조금씩 늘려감과 동시에, 장래의 구상으로는 그 제도의 설계, 재판관의 임명, 선출 방법이 적정한 것이 되면 독일형 헌법재판소의 설치도 하나의 방향으로 고려해볼 만한 가치가 있을 것이라 생각한다.

헌법판단은 가치적인 요소가 매우 강해서, 조문 해석을 중심으로 하는 통상적인 법적 판단과는 질적으로 상당히 다르다. 일본 재판소에서 헌법판단이 극히 저조한 것은 제4장에서도 논한 것처럼 최고재판소가 헌법판단을 행하는 경우를 스스로 매우 좁게 한정해버렸다는 데도 그 이유가 있으나, 재판관들이 헌법상의 논점을 다루는 방법에 익숙하지 않기 때문에 그것을 멀리하려 한다는 이유도 역시 존재한다. 그런 의미에서 헌법판단을 전문으로 하는 재판소를 통상의 재판소와는 별도로 설치하는 것이 헌법판단 활성화를 위한 하나의 유효한 방법이다. 독일에서는 이러한 제도를 채택하고 있으며, 미국의 연방 최고재판소도 실질적으로는 여기에 가까운 기능을 수행하고 있다.

새로운 시스템을 과감히 시행해 헌법판단에 관한 사법제도의 활성화를 꾀하고, 또 그와 같은 형태로 추상적 위헌심사(구체적인 사건에 있어서 결론에 관해서만 헌법판단을 하는 일본 재판소와는 달리, 일반적이고 추상적인 위헌심사의 권한을 재판소에 인정하는 방법)를 가능케 해서 기본적 인권 침해의 소지가 있는 법령이나 행위를 엄밀히 검토할 수 있는 자세를 갖춘다면 일본 사회를 진정한 의미의 민주적 사회로 만들어가는 데 크게 공헌할 수 있을 것이다.

| 지금이야말로 사법을 국민과 시민의 것으로 |

이 책에서 자세히 논해온 것처럼 최근, 특히 2000년대 이후에 일본의 캐리어시스템은 그 장점을 발휘하기 어렵고 단점은 급속히 커져가는 상황이 되었으며 재판관의 도덕성, 사기, 능력은 점차 저하하고 있다. 특히 평균적인 중간층 재판관의 황폐화 내지 붕괴적 약화가 눈에 띈다.

여기에는 상층부의 황폐, 부패와 그것이 재판관 전체로의 파급효과, 거품경제 시기 이후에 시작된 재판관의 능력 수준 저하라는 이유가 관련되어 있다. 그 결과 캐리어시스템을 지탱하는 기반이었던 도제제도적 교육시스템의 장점은 사라지고 단점만 두드러지는 상황이 되어버렸다.

국민과 시민들은, 그리고 정치적 신조를 떠나서 양심적인 정치가와 언론은 이 같은 사태를 직시할 필요가 있다.

그리고 앞서 얘기한 것과 같은 상황을 방치한다면 곧 사법시스템 전체의 기능이 불완전해지는 상황을 초래할 위험성이 높다. 하지만 안타깝게도 지금의 캐리어시스템에는 더 이상 자정능력이 있다고는 생각되지 않는다. 따라서 가능한 한 빨리 법조일원제도로의 이행을 꾀할 필요가 있으며, 그 기반 정비에 조속히 착수하는 것이 바람직하다.

사법, 재판소 · 재판관제도의 총체적인 모습이 근본적, 근원적으로 바뀌지 않는다면 일본의 재판은 진정한 의미에서 좋아지지 않을 것이다. 다시 말해서 국민과 시민을 위한 재판, 당사자를 최우선으로 생각하는 재판은 행해지지 않을 것이며 삼권분립의 핵심으로서 행정과 입법을 적절히 견제하는 기능도 수행하지 못하게 될 것이다. 적어도 이 점만은 틀림없다고 생각한다.

불가능을 가능으로 만들기 위해

이 책을 쓰는 동안 내 머릿속에 언뜻언뜻 떠오른 비틀즈의 노래는 그들의 대표적인 앨범 중 하나인 <리볼버Revolver> 중에서도 가장 평범하면서도 깊이 있는 곡인 '엘리너 릭비Eleanor Rigby'(존 레논 & 폴 매카트니)의 한 구절이었다.

저 외로운 사람들은 어디서 왔지?
저 외로운 사람들은 어디에 속해 있지?

한마디로 말해서 일본의 재판관들은 '외로운 사람들'이다. 사실은 아무것도 가지고 있지 않고, 사실은 어디에도 속해 있지 않으면서도 그렇지 않다는 환상을 품고 있으며 거기에 매달려 살아가고 있는, 그런 의미에서는 가엾은 부평초다.

그들 자신만의 문제라고 본다면 그와 같은 삶, 법복을 두른

관료·공무원, 재판을 수행하고 있다기보다는 오로지 '사건'을 '처리'해 나가고 있는 공직자로서의 삶, 정신적인 수용소, 보이지 않는 감옥 안의 수감자, 제도의 노예에 가까운 삶도 그들의 자유라고 할 수 있으며 용납할 수 있는 것이다.

하지만 그들은 현실적으로 엄연한 '재판관'이며 재판으로써 국민과 시민, 즉 당신의 운명을 좌우하는 존재다.

바로 그렇기 때문에 일본국 헌법 제76조에는 재판관의 독립에 관해서 '모든 재판관은 그 양심에 따라 독립하여 그 직권을 행하고 이 헌법 및 법률에만 구속받는다'고 규정해놓았다.

하지만 이 조문은 일본국 헌법의 다른 여러 빛나는 조문과 마찬가지로 실제로는 유린당하고 있으며 우롱당하고 있다.

지금까지 이 책을 읽으신 분이라면 위의 내 말이 품고 있는 의미, 취지를 충분히 이해하실 수 있으리라 생각된다.

내가 이 책을 쓴 이유로, 위대한 록 뮤지션인 밥 딜런의 말 세 가지를 인용해보기로 하겠다(≪밥 딜런 인터뷰집≫).

"우리들 중 누구도 소리를 내지 않으면 아무것도 일어나지 않아 (사람들의) 기대를 배반하는 결과가 되어버릴 것이다. 특히 문제가 되는 것은 권력을 가진 자의 침묵에 의한 '배신'. 그들은 실제로 무엇이 일어나고 있는지조차 쳐다보기를 거부하고 있다."

"내게는 우파도 좌파도 없다. 진실이냐 진실이 아니냐 하는 것만이 있을 뿐이다."

"나는 늘 개인적 견해를 가진 한 개인으로서 살아왔다. 만약 내 존재에 의미가 있다면, 모두에게 불가능은 가능으로 바뀔 거라고 가르쳐야 할 것이다."

첫 번째 말에는 이제 막 소년기에서 벗어난 젊은이의 말이라고 여겨지지 않을 정도의 깊은 통찰이 담겨 있다. 딜런의 말은 이론의 여지도 없이 옳다. 나는 앞으로의 연구생활을 포함하면 재판관으로서의 경력과 학자로서의 경력을 거의 비슷하게 갖게 될 사람으로서 일본의 국민과 시민에게, 즉 이 책의 독자인 당신에게 내가 일본의 재판소 및 재판관에 대해 알고 있으며 또 생각하고 있는 '진실'을 알릴 의무가 있다고 생각했다.

내 책에 대한 가장 적확한 비평 중 하나는 민법학자인 미즈노 노리코 교수(도호쿠 대학)의 "그 지역을 잘 알고 있지만 그 지역 사람이 아닌 이방인이 안내해주는 여행"이라는 비평이었는데, 그 말은 이 책에도 어느 정도 해당된다고 생각한다. 나는 늘 학자의 눈을 가진 이방인으로서 일본의 재판, 재판소, 재판관을 보아왔기 때문이다. 아마도 이 같은 이방인의 눈에만 보이는 '진실'이 있을 터이고 나는 그것을 당신에게 전하고 싶었다.

물론 나 자신은 언제나 내 눈에 보이는 부분보다 보이지 않는 부분이 훨씬 더 많다고 생각하며, 손으로 더듬더듬 길을 찾아

헤매듯 살아온 사람이라는 점도 부정할 수는 없다.

비틀즈의 이른바 <화이트 앨범> 가운데서 이번에는 조지 해리슨의 '내 기타가 조용히 우는 동안While My Guiter Gently Weeps'을 인용해본다.

어떻게인지는 몰라. 하지만 누군가가 너를 조종하고 있어.
그들은 너를 샀고, 또 너를 팔았어.

이 구절은 그야말로 내게 하는 말 같다는 느낌이 든다. 나의 삶의 궤적은 46년 전 처음 이 곡을 듣고, 에릭 크랩튼의 푸르스름하게 타오르는 불꽃과 같은 기타 연주에 전율을 느낀 그 순간부터 시작되어 지금까지도 이 한 구절이 품고 있는 질문에 답하기 위해 계속되고 있는 것이라고 해도 좋을 것이다.

그리고 이 곡에는 독자인 당신에게 던지는 것이라고 느껴지는 한 구절도 포함되어 있다.

바닥을 보렴, 더러워졌어. 비질을 해야 돼.

당신 앞에 놓인 일본의 사법이라는 무대는 피라미드형 계층적 캐리어시스템과 그 노예이자 거기에 중독된 재판관들에 의해서 완전히 오염되어 있다.

이 책의 독자인 당신이 그 사실을 깨달았으면 하는 바람이다.

거기서부터 당신의 첫걸음, 사법에 대한 당신의 의문이 시작될 것이다.

그리고 당신이 첫발을 내딛기 시작했다면 딜런의 마지막 말을 떠올리기 바란다.

"만약 내 존재에 의미가 있다면, 모두에게 불가능은 가능으로 바뀔 거라고 가르쳐야 할 것이다."

나는 무릇 책이라는 이름에 걸맞은 모든 책이 그 안에 담고 있는 메시지는 딜런의 이 말이 아닐까 생각한다.

일본에서 법조일원제도의 실현은 불가능하다, 일본의 무지한 민중에게는 '위에서' 보살펴주는 캐리어시스템이 적당하다며 전문가인 척 말하는 사람이 당신 앞에 여럿 나타날 것이다. 그럴 때는 딜런의 이 말을 가만히 흥얼거려보시기 바란다.

왜냐하면 당신과 나, 무릇 인간이라는 것은 불가능을 가능으로 만들기 위해 태어난 것이라고 나는 생각하고 있기 때문이다.

이 책은 물론 일반 독자를 위해서 쓴 것으로 난해한 법률용어 등은 일절 쓰지 않았으며 조금이라도 전문적인 내용이 나오면 반드시 설명을 덧붙였으나 그것 때문에 일부러 수준을 떨어뜨리지는 않았다. 두꺼운 전문서를 충분히 쓸 수 있을 만큼의 내용을 최대한 응축한 것이며, 나는 이 주제에 대해서 당분간은 전문서를 쓰지 않을 생각이다. 그와 같은 취지의 책으로 읽어주셨으면 하는 바람이다.

마지막으로 덧붙이자면 어떤 의미에서 이 책은 사법이라는 좁은 세계를 넘어 일본 사회 전체의 문제에 대한 비판적 분석까지도 의도한 책으로, 그를 위해서 사회학을 비롯한 사회과학 일반의 방법도 적절히 채용했다.

우리 사회의 조직, 집단 등의 현재 모습, 거품경제 붕괴 이후의 침체 · 정체는 이 책에서 내가 여러 가지로 분석한 것과 같은 문제에서 기인한 부분도 크다고 생각한다.

일본의 재판관 조직은 법률전문가 엘리트의 폐쇄적인 관료집단이기 때문에 그와 같은 문제가 집약, 응축되어 나타나 사회병리학, 정신병리학적인 양상을 띠게 된 것이 아닐까? 그것이 나의 가설이다. 그런 의미에서 내가 이 책에서 제기한 문제에는 일정한 보편성이 있지 않을까 싶다.

2014년 1월 1일

세기 히로시